パパ1年目のお金の教科書

岩瀬大輔
Iwase Daisuke

ちくま新書

JN259293

1312

パパ1年目のお金の教科書【目次】

第2章

お金に振り回されない、これからのキャリア論　061

第3章　子育て世代に役立つお金の話　109

はじめに

「お忙しいところ失礼します。私、ライフネット生命の「いわせ」と申します」

電話の向こうのお客さまは、まさかオペレーターがその会社の社長だとは思いもしなかったでしょう。

ライフネット生命保険の社長になったばかりの頃、僕は数カ月の間、社長室とは別フロアにあるコンタクトセンターにも自分の席を設けていました。資料請求をしていただいたお客さまに、何かご心配やご不明な点がないか、お電話を差し上げて伺っていたのです。気恥ずかしさからか自分の名前を名乗る時は少し声が小さくなっていましたが、世間話を交えながらお一人おひとりの声に直に耳を傾けていると、データを見ているだけでは知ることのできない個々のライフスタイルや悩み、将来設計などがだんだんと浮かび上がってきました。

「子育て世代向けに、お金の話を本にしてみませんか?」

この本のオファーが来たのはちょうどそんな時です。

お子さんが生まれたばかりだという編集の方が言うには、子どもが生まれると家計の負担が増えるのに、その準備ができていなかったパパ・ママが世の中にはとても多いのではないか。そしていったん育児に追われるようになってしまうと、自分たちが何を優先すべきかを考える余裕もないまま、家計を回すことで一杯一杯になってしまうのではないか。

確かにその通りかもしれません。独身の間は自分の生活だけを考えればよかった。結婚して子どもが生まれるまでは、夫婦二人の生活だけを考えればよかった。それがそうではなくなる。

自身の体験や周りのパパ・ママの様子から、そう思わずにはいられなかったようです。

子どもが生まれれば、多くの人はそれまでよりも広い家に引っ越します。家賃は高くなり(あるいは住宅ローンを組むようになり)、おむつ代やベビー服代、ミルク代などの出費も増えます。その一方で「自分の時間」は削られます。しばらくの間は子どもから目を離すわけにはいかないので、「皆無になる」と言ってもいいかもしれません。夜泣きをすれば眠い目をこすりながら子どもをあやし、ちょっとでも具合が悪くなれば近くの小児科に連れていく。元気な時は元気な時で、どんな危ないことをしでかすか予想もつきません。夫婦のどちらかが子どもに付きっきりになることは確実で、共働き夫婦ならどちらかのキャリアが中断することもあります。そしていざ職場に復帰しようと思っても、今度は保育施設を探すのが大変……。

育児や家事を「労働」として年収に換算すると、数百万円とか1000万円になるといった試算がたびたび発表されますが、現実にそんなお金がどこかから支給されるわけではありません。多くの家庭では、これまでと同じかそれ以下の世帯収入で何とかやりくりしています。その間にも子どもは大きくなり、衣食住にかかるお金や教育費など、出費はさらに増えるばかりです。

その時に、我慢に我慢を重ねる「緊縮財政」ではいつか限界が訪れます。そうではない別の方法で、自分たちの幸福度も高めながら乗り越えることはできないものか。そのための知恵を、「準備ができていなかったパパ・ママ」と共有すればいいのではないか。

僕が社長を務めているライフネット生命保険は、元会長の出口（治明）とともに「子育て世代の保険料を安くして、安心して赤ちゃんを産んでほしい」という思いを込めて創業した会社です。ですから、子育て世代のお金への不安を払拭するために、筆を執ることにやぶさかではありませんでした。

でも僕は正直迷いました。保険という金融商品を扱っている仕事柄、一般論的なことであればそれなりに語ることもできるでしょう。数年前に「ケインズの『一般理論』を原文でゆっくり読む」という、ちょっとマニアックな勉強会に入っていたこともあり、マクロ経済学についても多少の知識もありました。

しかし経済学者でもない僕が、ケインズの言葉を借りながら雇用が増えるメカニズムなどを語っても、子育て世代向けの本にはなりません。皆さんが知りたいのは、貯蓄は毎月いくらしておけばいいのか、子どものこづかいはいくらが妥当か、教育費はいくらかけるべきなのかといった、もっと身近なお金の話だと思います。

オペレーターの仕事を通じてお客さま一人ひとりの生活視点でモノを見ることの大切さを痛感していた僕は、この本もミクロ視点を中心に話を進めたほうが理解されやすいだろうと考えたのですが、一つ問題がありました。それは僕自身の生活に関わるお金のリテラシーが、決して高いわけではないということです。もちろん保険に関することであればどんなに細かい質問にもお答えできるのですが、お金の貯め方や節約術など、それ以外のことは人に教えられるほど詳しいわけではない。自分独自の哲学はあっても、果たしてそれが多くの人に役立つかどうかは疑問でした。

ではどうしようか、と考えていた時に思いついた案が、「お金のプロフェッショナルから話を聞いてみよう」というものでした。

お金について気になることを洗い出してみると、僕を含めて多くの人が、「実はお金のことをよく分かっていないのではないか」と思うようになりました。お金の使いみちや管理方法にこれといったルールや信念もなく、成り行きや気分に任せてしまうのは、お金に関する教育、いわゆる金融教育というものをほとんど受けずに大人になってしまったことも要因の一つかもしれません。

お金と幸せの関係についても、私たちはよく分からないまま大人になっています。「お金持ちになれれば幸せになれる」と何となく考えている人は多くいるものの、現実にはお金持ちでありながら十分に幸せでない人もたくさんいます。結局みんな、お金のことをよく知らないまま社会に放り出されているから、お金があってもなくても不安ばかりが募ってしまうのかもしれません。

僕がお話を伺ったのは、銀行の支店長やファイナンシャル・プランナー、税理士といったお金に関するプロ中のプロから、「この人にお金のことを聞いてみたい」と思った落語家や作家、起業家までさまざまです。どの対談も、僕にとっては新しい気づきを得られる貴重な機会となっただけでなく、「もっとたくさんの人に聞いてもらいたいな」と思えるものでした。

対談の様子は、ライフネット生命のオウンドメディア「ライフネットジャーナルオンライン」にインタビュー記事としても掲載されましたが、この本ではそれらの内容を再整理するだけでなく、これまでに自分が得た見識やインタビュー後に気づいたことなどを加えていきたいと思います。

お金のことで困った時にどうすればよいか。困らないためにどんな準備をしておくべきか。1年先、10年先、そして老後を見据えて考えておくべきことは何か。そもそもお金で人間は幸せを手に入れることができるのか。

パパやママ、そしてこれからパパやママになろうとしている人たちが、こういったことを考えるための素材を提供していけたらと思います。

筆者である僕は、この本をお読みになっている皆さんとともに、あくまで「一緒に学んでいく」立場です。まずは自分にとって身近な項目、興味のある項目だけでも目を通してみてください。『パパ1年目のお金の教科書』はそこから始まります。

第1章

「プリンシプル」を支えるお金の基礎知識

渋谷駅の改札口を出て飛び込んできた光景に、「お金のプロフェッショナル」は言葉を失いました。

「ビルの壁一面に消費者金融の広告看板。しかも「〇〇フィナンシャルグループ」とメガバンクのお墨付きまである。若者の街と呼ばれる渋谷で「これってどうなのよ?」と思わずにはいられませんでした」

本章でのちほど紹介する元メガバンク支店長の菅井敏之さんは、お金と上手に付き合う人、お金に振り回された人生を送る人、その両方を見てきた方です。2人のお子さんを持つ菅井さんは、若者たちの間で消費者金融が身近になっていることに危機感を覚えたといいます。

消費者金融では簡単な審査でお金を借りられます。けれども、高い金利でお金を借りることになるので、当然、リスクがともないます。場合によっては、借金で首が回らなくなることもある。まだ金融リテラシーが身についていない若い人のなかには、その危険性についてよくわかっていない人もいるでしょう。

金利の仕組みを理解している人がしっかりとした返済計画を立てて借りるのであれば、それは便利な金融サービスなのかもしれません。しかし「便利だから」という理由だけでどんどんお金を借りてしまうと、借金が膨らんで人生を狂わすことになるおそれがあります。

「それはよほど金融リテラシーの低い人の話だろう」

と思われるかもしれませんが、私たちの多くは、金融リテラシーが十分とは言えない状態で社会に出ています。欲しいものを買っていたら給料日までの生活費が足りなくなった。リボ払いにしていたら知らない間に返済額が膨らんでいた。税金を滞納していたら延滞税が加算されていた。まとまった臨時収入があったので値段を気にせず好きなものを買っていたら、翌年の住民税が払えなくなってしまった。どれも初歩的なミスばかりですが、こういう人は実際にいるものです。そこまでいかなくても、思うようにお金が貯まらない、自分のライフステージでいつ大きなお金が必要になるのか分かっていない。そんな人は多いでしょう。

菅井さんが渋谷の広告看板を疑問視していたように、私たちの社会は決して消費者の金融リテラシーレベルに配慮されているとは言い難いのが現状です。人からすすめられるサービスをそのまま利用するのは、多くのリスクが伴うということを分かっていないといけません。

ただ、そうなると一つひとつの判断が難しくなります。とくに子育て世代の皆さんには、これから決断の機会が次から次へと訪れます。

広い家に引っ越しをすべきか。引っ越すならどの地域がいいか。車を買うべきか。どの保険に入るべきか。子どもの予防接種は自由診療のものも受けておくべきか。保育園、幼稚園はどこがよいか。職場や働き方を変えるべきかどうか。ママ友やパパ友とはどこまで深く付き合うべきか。子どもにはどんな習いごとをさせるべきか。週末はどこに行こうか。誕生日には何を買ってあげようか。そろそろ自転車も買ってあげないと。スマホは何歳から持たせたらいいんだろう。

あなたはその都度、何を選べばいいのか、何にお金を使えばいいのか、多くの選択肢から選ぶことになります。そして親として、いつでも子どものために「素敵な選択をしたい」と思うでしょう。しかし悩む時間は多くありません。仕事と育児でヘトヘトになって、「正直そんなに頑張れないよ……」と思うことだってあるでしょう。

そんな時に大切なのは、プリンシプル（原理原則）を持つことです。お金と上手に付き合っている人たちにはそれがあります。彼らはプリンシプルに基づき、どんな状況でもブレずに、自分や自分の家族にとって最善の選択をしているのです。

本章でお届けする話は、子育て世代に限らず、どの世代にも共通する大事なお金の基礎知識です。どれも基本的なことばかりですが、「意外に多くの人が知らないのではないか」という話が多いのではないかと思います。僕自身、いろいろな方に話を伺う中で、「その話、もっと早く知っておきたかったな」と何度も思ったものです。

そうした基礎知識の一つひとつが、プリンシプルの形成につながります。本章でお話しするお金の「基本」を知っておくと、お金と上手に付き合えるようになり、自分らしい人生を送ることにもつながるでしょう。

†メガバンクよりも信用金庫に口座を開いたほうがいい理由

社会人になって最初にすることといえば、給与振込口座の開設です。会社によっては「○○銀行で口座を開設してください」と指定してくる場合もありますが、自分の意思で銀行を選ぶ場合はどの銀行で開くべきか、悩むかもしれません。

とはいえ、そんなことで悩む時間ももったいない。そこで、「とりあえずメガバンク（大手銀行）なら間違いなさそうだ」と思って、とくに都市部においては多くの人がメガバンクを選ぶのではないでしょうか。

新社会人になったばかりの僕も、メガバンクの口座を開設しました。理由は特にありません。なんとなくそうしたのです。「なんとなく便利そう」「なんとなくサービスがよさそう」「なんとなく安心」ですよね。東京ならすぐにATMも見つかるし、何も困らないだろうと思いました。

ところがある方は、「それはお金が増えない人の選択だ」と言います。2015年の年間ベストセラー（日販調べ）、単行本ビジネス本部門第2位の売り上げを記録した『お金が貯まるのは、どっち!?　お金に好かれる人、嫌われる人の法則』（アスコム）の著者、菅井敏之さんです。

菅井さんは元メガバンクの支店長。まさに大ヒットドラマ『半沢直樹』の世界を生き抜いてきた方で、お金に関してはプロ中のプロです。銀行員時代のノウハウを活かして、現在はアパート経営、喫茶店経営、さらには執筆活動や講演活動など、幅広く活動していらっしゃいます。

そんな菅井さんと対談をした時に、

「給与振込口座をメガバンクにするより、信用金庫にするほうがいいですよ」

そう教えてもらいました。驚きませんか？　元メガバンクの方がそのように言っているのです。

菅井さんがメガバンクよりも信用金庫をおすすめする理由はこうです。

若いうちから意識しておいてほしいことは、銀行はお金を預けたりおろしたりするだけの場所ではなく、「お金を借りる場所」だということです。たとえ、今すぐお金を借りることはないとしても、将来はわかりません。住宅を購入する時、子どもを私立の学校に行かせたい時、独立したい、お店を開きたいなど、銀行でお金を借りたくなる場面はいくつもあります。とくに、住宅を購入する場合は、なんの疑いもなく住宅ローンを組もうとするはずです。つまり、銀行からお金を借りることになるわけです。

お金を借りる時には、必ず審査があります。収入や勤務先、勤続年数、これまでの返済記録などを調べられて、その人が本当にお金を返済できるかどうか、つまり信用できる人物なのかどうかを審査されます。菅井さんによれば、メガバンクだとその審査が、大企業勤務の人や公務員などにはやさしく、中小企業の会社員などには大変厳しくなるそうです。ましてやフリーランスの人が、メガバンクでいくらコツコツお金を貯めていても、お金を貸し出す審査基準がやさしくなるとは限りません。

ところが信用金庫であれば、メガバンクよりも信用を築きやすいのだといいます。たとえば、あなたが10年間にわたって毎月3万円の預金を積み立てたとしましょう。その積み立て先がメガバンクの場合、コツコツ積み立てても信用が築けるわけではない。一方、信用金庫ならば、預金と信用がセットになっているので、口座にコツコツとお金を貯めていけば、信用も一緒に貯まっていきます。つまり、お金を借りやすくなるそうです。

将来、あなたの家族がお金を必要とするときに、「お金がない」「お金を借りられない」という事態は、パパとしてはなんとしても避けたいところです。この状態に陥ると、あなたや家族は選択肢を失うことになるからです。こうした事態を回避し、人生の選択肢を確保しておくための方法のひとつが、若いときから、あなたがお金を借りることになるかもしれない銀行をメインバンクにして、給料をそこに振り込み、同時に積み立ても行なうことなのだそうです。

僕はアメリカから帰国して、ライフネット生命を立ち上げた直後に住宅ローンを組んだのですが、大手行はすべて審査が通りませんでした。「継続勤続年数3年以上」に該当しないためです。「そうはいっても、岩瀬さんなら絶対に返してくれるでしょう」と言ってくれたのは、とある地方の銀行だけでした。

菅井さんの話を聞いて、「この話、もっと早く知りたかったなぁ」と思ったものです。

ＡＴＭのたくさんあるメガバンクのほうがお金もおろしやすいしいいだろうと思っていましたが、今はコンビニでも各金融機関のお金をおろせるし、ネットバンキングも普及しているので、メガバンクもそれ以外の金融機関も利便性の面ではかなり差が縮まっています。使い方次第では「全く同じ」になるかもしれません。実際に信用金庫に口座を開くかどうかは別として、選択肢の一つとして検討する価値は十分あると思います。

ちなみに菅井さんの喫茶店「SUGER COFFEE」は、東京の東急東横線の田園調布駅の近くにあります。講演など別の仕事が入っている時以外は、ご本人がいらっしゃるということ。菅井さんのお話に興味のある方は一度覗いてみてはいかがでしょう。

†銀行員はあなたの靴を見ている

せっかく元メガバンク支店長の方にお会いすることができたので、「お金を借りる秘訣」のようなことも聞いておきました。これも意外に知らない……というより、言われないと絶対に分からない「貸す側の心理」が含まれているので、住宅の購入を検討している人やこれから会社を始めようと思っている人は、参考にしてみるとよいかもしれません。

菅井さんによると、収入や勤続年数などの審査基準はあるものの、銀行員個人の心証次第で、「貸す、貸せない」が決まることもあるのだとか。

たとえば収入や勤続年数などが銀行の定める基準を満たしていたとしても、面談時の言動や振る舞いによっては、「この人にはちょっと貸せないなぁ」となりかねないのだそうです。逆に、基準をわずかに満たさなくても、言葉づかいが丁寧で、しっかりと受け答えのできる人であれば、「この人なら貸してもいいかな」と思って融資をすることもあるといいます。

お金を貸せるか貸せないかは結局のところ、銀行員とお客さまの信頼関係で決まるというわけです。これからお金を借りに行くという時は、どうしてもお金のことで頭がいっぱいになります。でもそういう時こそ、自分が相手からどう見えているか、今一度再確認してみる必要がありそうです。

そういう意味では身だしなみにも注意が必要です。お金をおろしに銀行に行く時はラフな格好でも構いませんが、お金を借りに行く時は自分自身のドレスコードを設定しておきましょう。男性であればジャケットくらいは着用したほうがよいかもしれません。これから大事な人と、初めてのデートに行くつもりで。

注意すべきは靴です。近所だからといって、サンダルや履きつぶしたスニーカーは論外。

足もとを見ればその人のファッションセンスや性格が分かるといわれますが、銀行員もお客さまの足もとを見ている人が多いのだそうです。菅井さんは大富豪のお客さまから、「たとえお金がなくても、いい靴を履きなさい。一流の人たちは、相手の足元を見て、仕事ができるかどうかを判断する」と言われたことをきっかけに、いい靴を履くようになり、こまめに手入れをしながら長く大事に使っているということです。

古くてもしっかり磨かれた靴であれば、品よく見えるものです。いい物を長く使うにはその人の管理能力も問われるので、そこでお金のある人、ない人の差が出てくるのかもしれません。

†家族や友人を大切にする人は銀行からも信用される

現役銀行員の方からのお話も紹介しましょう。スルガ銀行の杉山拓也さんです。

静岡県沼津市に本店を置くスルガ銀行は、今ではどこの銀行でも当たり前になっているネットバンキングをいち早く導入したり、「ジャンボ宝くじ付き定期預金」を取り扱ったりするなど、新しい試みを次々に行う銀行として知られています。お話をうかがった当時（2014年12月）、杉山さんがセンター長を務めていた、六本木のミッドタウン支店内の

「ｄ－ｌａｂｏ」もその試みの一つ。まるでおしゃれなブックカフェにでもいるかのような気分にさせてくれるその空間は、コミュニケーションスペースとして一般にも開放されています。イベントやセミナーなどが開かれることもあって、僕もここで講演をさせてもらったことがあります。

他の銀行で断られた人でも比較的お金を貸してくれることから、不動産投資本などでは「スルガ銀行は審査に通りやすい」と書かれていることもあるようです。杉山さんによると、しっかりと審査をしているためそこばかりが強調されるのは本意ではないようですが、独自の与信管理で金利やリスク設定をしているので、「他で借りられない人が借りられた」という事例が出るのではないかとおっしゃっていました。

信用調査の評点は悪くないのにお金が借りられないという人は、世の中にたくさんいます。そういう人がお金を借りて、欲しいものを買ったり事業を始めたりして経済を回していくことはよいことだと思います。ただ、そうなると今度は、銀行の抱えるリスクが高まります。スルガ銀行はどのようにして、そのリスクを管理しているのでしょうか。

その秘密は「法人２：個人８」という取り引き割合にあります。多くの銀行は法人、つまり企業との取り引きが中心になりますが、スルガ銀行はそれが逆。蓄積された個人の顧客データが多いので、それをもとに、より精緻なリスク設定を行っているというわけです。スルガ銀行が「借りやすい」のは、決して審査が甘いからではなく、早くから個人の顧客を開拓してきた歴史があるからなのかもしれません。

またスルガ銀行で行われる審査は、個人のプロファイルを見ただけで終わることはないようです。杉山さんによれば、お客さまに必ず聞くことがあるといいます。

それは、「この先どうしていきたいか」ということ。

資産やキャッシュフローだけでなく、お客さまが人生プランをしっかりと立てているかどうかを尋ねているのだそうです。あくまで判断材料の一つに過ぎないということですが、自分の人生プランを確立している人にとっては、プラス材料が増えるのは嬉しいことです。

さらに、家族や友人に関しても聞くことがあるそうです。そのお客さま自身の信用がどのように担保されているかを見るためです。

先ほどの菅井さんの話と同様、ここでも「人として信用できるかどうか」が見られています。現時点の資産や収入よりも、これから長い付き合いになる相手が本当に信用に足る人物なのかどうか。銀行は機械的にお金を預けたり借りたりするだけの場所かと思いきや、人間同士の信用で成り立っているというわけです。

†「お金を貯めておけ」とは言うけれど……貯蓄っていくら必要なの？

親から「しっかりお金を貯めておきなさい」と言われたことのある人は多いと思います。僕も一度だけあります。

僕の父は普段、自分の子どもに小言を言うような親ではありませんでした。「勉強しろ」と言ったこともないくらいです。そんな父がこれから社会に巣立つ息子に唯一くれたアドバイスが、「貯蓄だけはしておけ」だったのです。

でも僕はもともと、お金が手元にあればすぐに使ってしまうタイプ。なかなか貯められず、苦労もしました。そのたびに「親の言うことは聞いておくものだな」という思いを新たにするのですが、今も貯蓄型の人間というわけではありません。あればやっぱり使ってしまうし、年を取るにつれて交際費など必然的に出て行くお金も増えてきています。

そんな僕ですが、若い人向けに講演をすると「貯蓄って具体的にはいくら貯めればいいんですか？」と質問されることがあります。なかなか難しい質問です。子育て世代の皆さんにとっても貯蓄は大きなテーマだと思いますが、ここではまず、社会人としてどのくらいのお金を貯めておけばいいのかということと、いずれ自分の子どもが大きくなった時に

「貯蓄だけはしておけ」と言えるように、貯蓄の必要性について考えてみたいと思います。
「貯蓄はいくら貯めておけばいいのかという質問に、お金のプロたちはどう答えているんだろう？」

そう思った僕は、もっとも信頼するＦＰ（ファイナンシャル・プランナー）の一人である栗本大介さんと対談をした時に、どのように答えているか質問してみました。後で詳しく述べますが、ＦＰとは生活に関わるあらゆるお金の悩みを解決に導いてくれるアドバイザーです。

「私もよくそのような質問を受けますが、当面の目標として推奨しているのは給料1年分です。これから起こる最悪のことを考えたら、自分の会社が突然倒産するかもしれません。失業給付金が支給されるので生活をするだけなら数カ月は持ちますが、蓄えがないからといって再就職を焦ってしまうと、本意ではない会社や職種を選びかねません。落ち着いた状態で正しい判断をするためにも、給料1年分は持っておくべきなのです」

うん、確かにそうだな、と思いました。

実は僕も、20代の時に仕事を休んでいた時期があります。転職した米国のベンチャー企業が1年足らずで東京の事務所を閉めることになり、半年もの間、無職だったのです。幸い、その会社から特別退職金を受け取ったので当面の生活費に困ることはありませんでした。転職活動をしながら、興味があったフランス語の語学学校に通って学んでいたので、それはそれで充実していたくらいです。それでも同世代の友人たちがバリバリ働いている様子を聞かされるたびに、「自分はこれでいいのか」と不安な気持ちにもなりました。

あの時もし退職金を受け取っていなかったら、その不安はより大きかったに違いありません。自分の将来をじっくりと考える時間を持てたのは、やはり「まとまったお金があったから」でしょう。何年も遊んで暮らせるほどのお金があったら逆に働く意欲が湧いてこないかもしれないので、栗本さんの言う「給料1年分」は妥当な金額だと思います。

†『バビロンの大富豪』が教える「1割を貯蓄」の原則

FPの栗本大介さんから「給料1年分」という貯蓄の目安を教えてもらいましたが、年収400万円の人であれば400万円。よくよく考えると、なかなかハードルの高い数字であることに気づきます。

それだけのお金を貯めるには、どうすればいいのでしょうか。よほど強烈な動機がない限り、これまで貯蓄ができなかった人が急にコツコツとお金を貯められるようになるとは思えません。ところが先ほどの栗本さんは、「誰でもお金を貯められる方法がある」といいます。

「手取り給与の1割を天引きすれば、誰でもお金が貯まるようになりますよ」

この助言には大事なポイントが2つあります。

一つは「天引き」という点。貯蓄ができない人は「あれば使ってしまう」のだから、天引きすることで最初からその分のお金を「ないもの」にしてしまうというわけです。給与天引きによる貯蓄方法は、僕もよく若手に推奨しているやり方です。貯蓄が苦手な僕でも、それなら何とかできるからです。

ではどういう方法で天引きをしていけばいいのか。

多くの人が利用できる制度として、たとえば「自動積立定期預金」や「財形貯蓄」などがあります。

自動積立定期預金とは、銀行などの金融機関が取り扱っている金融商品です。毎月指定した日に預金口座から一定額を引き落として積み立てていくもので、厳密には給与の天引きではありませんが、給料日の翌日に設定しておけば、「天引き効果」が得られます。

財形貯蓄とは「勤労者財産形成促進法」に基づいた貯蓄制度のことで、会社が福利厚生の一環として国とともに社員の貯蓄を手助けしてくれるものです。財形貯蓄を利用できるのは制度を導入している会社の「勤労者」で、その中には正社員のみならず、パートや派遣社員などの非正規社員、公務員や船員も含まれます。制度を導入していない会社に勤めている人や会社の取締役、自営業者などは利用できません。財形貯蓄には貯蓄理由を問わない「一般財形貯蓄」、住宅購入資金の積み立てを目的とした「住宅財形貯蓄」、老後の資金作りを目的とした「年金財形貯蓄」の3つのタイプがあります。それぞれ、条件によって税制面、低利融資などのメリットを享受できますが、一番のメリットはやはり、「給与から天引きされるのでお金が貯まりやすい」という点です。

また、自動積立定期預金や財形貯蓄の良い点として、お金をおろすのに解約などの手続きが必要なことも挙げられます。

貯蓄を第一に考えた場合、お金をおろすことに心理的なハードルが生まれることはメリットといえます。自分の好きな時に好きなだけお金をおろせる状態だと、せっかくお金を貯めてもちょっとした誘惑に負けてすぐに使ってしまいます。これではいつになってもお金は貯まりません。お金を引き出す際の「煩わしさ」をあえて用意しておけば、本当にお金が必要な時にしか引き出せなくなるというわけです。

自動積立定期預金や財形貯蓄などは、通常の預金より金利が高い場合が多く、利息にかかる税金が優遇されるものもあります。普通口座で貯めていくよりも、有利な条件が付きやすいのです。

そして栗本さんの助言に含まれるもう一つの大事なポイントは、その天引きの額が「1割」であるという点です。「何で1割なの？」と思った人もいるでしょう。実はこれがとても絶妙な割合でもあるのです。

自分の手取り給与の1割がもともとないものだとして考えてみてください。20万円の人なら2万円。30万円の人なら3万円。決して小さくはない金額ですが、工夫をすれば、生活が成り立たなくなるほど困るような金額でもありません。「生活レベルを少し下げるのはちょっと……」という人でも、家計を見直せば削れる支出は意外に見つかるものです。これまで貯蓄をしてこなかった人であればなおさらです。外食ばかりしてエンゲル係数（家計支出に占める食費の割合）が高くなっている人はスーパーで食材を買って自炊をする。携帯電話の契約の見直し、保険の見直しなどをして毎月の固定費を削る。とくに生命保険は見直しにより節約できる可能性が高く、ライフネット生命の契約者は1カ月平均6515円、年間平均7万8180円相当の節約を実現できたと回答しています。2016年4

月からは電力自由化がスタートして、自分の好きな電力会社を選べるようになりました。さまざまなサービスを同じ会社やグループのものに一本化すれば、セット割引でお得になる場合もあります。そういったテクニックを駆使していけば、今の生活レベルを保ったまま節約をすることも可能です。

この1割という数字、栗本さんによればある世界的なベストセラーに根拠を求めることができるそうです。それは今から約90年前の1926年に出版された『The Richest Man in Babylon』という本。欧米を中心に多くの人たちに読み継がれ、日本では『バビロンの大富豪』などのタイトルで翻訳本が出ています。

本の内容を簡単に説明しましょう。

物語の舞台は紀元前の古代メソポタミアに栄えた都市、バビロン。戦車職人バンシアが、どうすればお金持ちになれるのか、大富豪のアルカドに教えを請うという話です。作品内には、お金持ちになるためのヒントがちりばめられていますが、その中でも特に重要とされるのが、アルカドが言った次の言葉です。

「わしが富への道を見つけたのは、稼いだものは、すべてその一部を自分のものとしてとっておくことを心に決めたときだ」（ジョージ・S・クレイソン『バビロンの大富豪』グスコ

ー出版、大島豊訳)
自分が稼いだものをすべて使ってしまうのではなく、「自分のものとしてとっておく」。つまり貯蓄こそがお金持ちになるための方法――言い換えれば貯蓄以外にお金持ちになる道はないのだと説いています。そして、その中に次のような一節があります。「財布に十枚のコインを入れたなら、使うのは九枚まででやめておく」。
「古典を読んで分からなければ自分がアホやと思いなさい。現代の書籍を読んで分からなければ、著者がアホやと思いなさい」とは、ライフネット生命元会長の出口(治明)が大学時代の恩師から言われた言葉としてよく紹介していますが、やはり長く読まれてきた本には、人間の本質や真理を突いたことが書かれているものです。それも複雑ではなく、シンプルに。お金持ちになるための方法も、収入の1割を貯蓄しろと言っているだけです。こんなにも単純な話が、世界中の投資家、実業家たちにも支持されています。『金持ち父さん 貧乏父さん』(筑摩書房刊)で知られるロバート・キヨサキ氏もこの本の影響を受けているのだそうです。

†小さくコツコツと。頑張りすぎない貯蓄のススメ

栗本さんは、『バビロンの大富豪』に書かれていることを実行すれば、誰でも簡単にお金持ちになれるといいます。

「よし、お金のプロがそう言うなら早速実践しよう」

そう思う人は多いかもしれません。

しかし、言うは易く行うは難し。頭では分かっていても、なかなか実行できないのが人間です。毎日掃除をすれば部屋が片付くと分かっていてもできない。毎日ジョギングをすれば健康的な生活を送ることができると分かっていてもできない。それと同じように、1割を貯蓄すればお金持ちになれると分かっていても、それができる人は限られるのです。

ただ、鋭い読者はこう思うかもしれません。

「さっき年収分のお金を貯めることをすすめていたのに、収入の1割程度じゃ、1年分貯めるのに10年もかかるじゃないか。そんなに長いこと待っていられない。自分は頑張って、収入の3割を貯蓄してみよう。そうすれば、3年ちょっとで年収分の貯蓄を達成できるじゃないか」

その心意気は立派です。でも、あまり頑張り過ぎると、遅かれ早かれ挫折してしまいます。高度な節約テクニックを持つ人や実家暮らしの人なら収入3割分の貯蓄も可能かもしれませんが、一人暮らしをしている人には、2割、3割というのは決して簡単な額ではありません。一時的にそれができたとしたも、継続してとなるとどうでしょう。何かお金のかかる趣味や勉強を始めたくなったり、結婚して家族ができたりすれば、なかなかそういうわけにもいかないと思います。

ですので、最初は無理のない金額から始めて、徐々に割合を上げていくべきです。たとえば毎月1万円から始めて、2年目からは1万5000円にしてみる。3年目からは2万円にしてみる。そうやって少しずつでも続けていれば、「塵《ちり》も積もれば山となる」で、5年後には100万円を超える貯蓄残高になっている計算です。

「100万円程度じゃ、さっきの話の年収分にはまだまだ足りないじゃないか」

と思われるかもしれませんが、小さい目標でもそれを一度達成することは自信につながります。貯蓄のために貯蓄をしているのではありません。自分の人生を少しでも豊かにするため、安心を得るための貯蓄です。「1か0か」で考えるのではなく、その中間にある自分に合ったペースを探ってみてください。

「100万円貯められたんだから、200万、300万も行けそうだな」

「毎月2万円の天引きだったけど、昇給したから3万円にしてみよう」

このように徐々に自信をつけながら、額を少しずつ増やしていけば大きな負担にはならないでしょう。先ほどの「1割を貯蓄」ができなければ貯蓄生活そのものをやめてしまうのではなく、5000円でも1万円でもいいから、まずは毎月の貯蓄実績を作ることを心がけてください。

毎月いくら貯蓄するかよりも、少しずつでも続けることが大事だということは栗本さんもおっしゃっています。「継続は力なり」というように、何ごとも長く続けることが大切なのです。

†意外に難問「銀行に100万円を5年間預けたら?」

貯蓄やローンの話をひと通りしたところで、簡単な頭の体操をしてみましょう。これから出題する2つの問題は、金融広報中央委員会の「金融力調査」(2012年)で使われた問題と同じものです。

では第1問。

100万円を銀行の預金口座に預け入れました。金利は年率2%とします。1年後、この口座の残高はいくらになっているでしょうか？　途中、この口座ではお金の出し入れをしないものとします。次の3つから選んでください。

①　100万円
②　102万円
③　110万円

1年あたりの増減率を示す「年率」の意味が分かれば難しくありませんね。正解は102万円です。

続いて第2問。

この口座の5年後の残高はいくらになっているでしょうか？（金利は年率2%で固定）

①　110万円より多い
②　ちょうど110万円

③　110万円より少ない

さっきより問題が少し複雑になりました。

「1年で2万円増えるのだから、5年ならその5倍で10万円増える。口座の残高はちょうど110万円になるはず！」

と思った方、不正解です。

金融力調査では、18歳以上の日本居住者3531人のうち、1問目に正解した人は77・6%。ところが2問目に正解した人は30・5%どまりでした。3分の1にも届きません。最多の回答数を得たのは、不正解の2番「ちょうど110万円」で、32・6%でした。日本人は貯蓄好きだといわれる割に、実はその中身を理解していないということでしょうか。実際には、発生した利子も次期の元金に含まれるので、2年後は100万円ではなく102万円を元金とした利子が加算されます。つまり残高は104万円よりも少し多い104万400円。3年目はそれに2%の利子が加算されて……と計算していくと、5年目の残高は110万4080円ほどになります。これが「複利」と呼ばれる仕組みです。

さらにこの調査では、海外の調査結果との比較も行われました。比較対象はドイツとイギリスです。この2カ国はどうだったかというと、1問目の正解率はドイツが64％、イギリスが61％。日本が10ポイント以上の差をつけて、計算力の高さを見せつける結果となりました。

ところが、です。

1問目と2問目の両方に正解した人の割合は、日本が28・7％だったのに対し、ドイツが47％、イギリスが37％と、ともに日本を大きく上回りました。単純な計算なら日本人のほうが優位だったのに、「複利」という金融の基本的要素が絡んだだけでこうも結果が変わるとは驚きです。

確かに、複利のことを学校で教わることはあまりないかもしれません。でも自分の預金通帳を注意深く見ている人なら、特に誰かから教わらなくてもこの仕組みを理解していることでしょう。

僕は幸いにも、子どもの頃に住んでいたイギリスで、複利のことを学ぶ機会がありました。当時イギリスは不景気で、政府はお金を集めるために金利を上げていました。ちょうどそんな時期に、小学校で口座を作ることを奨励され、僕も作ってもらいました。金利が5％を超えてくると、預ける額が小さくても自分のお金が増えていくのが面白いように分かります。この時に僕は初めて、「お金とは動くものだ」ということを体感しました。

しかし現在、銀行の普通預金の金利は年率0・001％です。100万円を1年預けても10円の利子しか付きません。先ほどの複利の問題では説明しやすいように年率2％で計算をしましたが、現実世界では利子が小さすぎて単利でも複利でも同じ計算結果になってしまいます。

そういう意味で、今はお金が動いている様子が見えにくい時代だといえます。子どもたちに利子の話をしても、なかなか理解をしてくれないでしょう。昔なら正月のお年玉を銀行や郵便局に預けるだけでもそこそこ増えていました。年に数百円程度でも、子どもにとっては嬉しいはずです。金利の低い現代では、子どもの通帳に10円の利息が付くこともないかもしれません。

でも数字が小さくなったからといって、金利の重要性までも失われたわけではありません。金利というのは、金融の仕組みを理解するうえで必ず押さえておかなければならない、とても重要な概念です。金利を理解していない人は、年金や保険や株式などの仕組みを全く理解していないのと同然だからです。そのことを考えると、先ほどの問題の正答率が低かったことはゆゆしき事態かもしれません。

日本はよく、金融教育（金銭教育やマネー教育ともいいます）が遅れているといわれますが、この調査結果一つを取ってみても、それは認めざるを得ないところです。学校では一応、公民や家庭科でファイナンスの仕組みやお金のことを学ぶことになっているのですが、そこまで踏み込んだことを教えてくれるわけではありません。仮にしっかり教えてくれたとしても、入試には関係のない教科だからと聞き流している生徒も少なくないでしょう。金融教育の要素を積極的に取り入れている学校もあることはありますが、国家としての取り組みとなると欧米に後れを取っている現状は否めません。

規制緩和、ＩＴ技術の進歩、少子高齢化に伴う社会構造の変化などにより、私たちを取り巻く環境は大きく変わっています。常に最新の金融リテラシーを身につけておかないと、自分の資産を守ることすらままならない時代がもうそこまでやって来ています。

とはいえ、「金融リテラシーを身につけるための勉強」といってもピンと来ない人も多いと思います。もともとちゃんとした金融教育を受けていないのですから、仕方がありません。僕もまだまだ分からないことが多いので、再びお金のプロフェッショナルに話を聞くことにしましょう。

†年金未納者が今すぐ納付すべき理由

ＦＰの栗本大介さんは、大学で非常勤講師もされてきました。これから社会に出ようとしている学生たちに、どんなことを教えているのでしょうか。

「学生にはまず、年金制度のことから教えています。学生でも20歳になれば年金保険料の納付義務があります。それなのにみんな、当事者意識が低いんです。手続きなどはすべて親まかせ。今も昔も変わらないことなのでしょうが、「自分たちもそれに関わっている」という自覚を持つことからすべてが始まるのではないかと思います」

そう言われてみると僕の学生時代も、20歳になったからといって年金のことが周りで話題になることはあまりありませんでした。はっきりとは覚えていませんが、「親が勝手に納めてくれている」とか「親が納付猶予の手続きをしてくれた」とか、そういう人が少なくなかったように思います。

「年金とか健康保険って、こんなにかかるんだ」と初めて気づくのは、社会人になって給与明細を見た時ではないでしょうか。自分が一生懸命働いた給料から引かれているので、身をもって知りますよね。

それでも年金のことを詳しく知ろうとする若い人が多いとはいえません。給付金をもらえるのはまだ遠い先の話ですし、「自分が高齢者になる頃には年金をもらえないんじゃないか」と訝《いぶか》しむ人もいます。積極的に興味を持ちづらいテーマであることは否定できません。

でもだからといって、年金のことを全く知らずにいると、いずれ自分の首を絞めることになってしまいます。

たとえば、未納期間が長期に及ぶと、給付金が支給されないことがあります。サラリーマンの人は給与から天引きされるためその心配は要りませんが、個人事業主やパート収入が多く扶養家族から外れている専業主婦などは、自分で年金を納めないといけないので注意が必要です。具体的には、保険料を納めた通算月数が120カ月（10年）より1カ月でも下回ると、たとえ119カ月納めていても年金は1円も支給されません。納付月数が足りないことに気づいて後から納めたくなっても、納付期限が過ぎていれば納めることはできません。

10年ちょっと前に、政治家や芸能人の年金未納問題が次々に発覚して大騒ぎになったことがありました。その時に、「国民年金保険料って、納めたくなければ納めなくてもいいんだ」と勘違いした人もいるかもしれませんが、納付は義務です。督促状を無視して納めないままでいると、最悪の場合は預金口座や車など、自分の財産が差し押さえられる可能性があります。強制徴収の対象は年々拡大され、取り立ても厳しくなっています。年金財政も厳しくなっていることから、今後はさらにその傾向が強まるものと予想されます。

また一般的に「年金」というと老齢年金のことを指しますが、障害年金や遺族年金があることも忘れてはいけません。20代の若者が明日老人になることはありませんが、病気や事故で大きな障害が残ったり、亡くなったりするケースは現実として起こりえることです。自分が障がい者になった場合でも、年金保険料をしっかり納めていれば障害年金を受け取ることができます。自分が亡くなった場合でも、子どもがいれば遺族年金を残すことができます。障害年金や遺族年金の支給要件は、老齢年金とは異なります。制度の中身はよく変わるものなので、未納が少しでもある人は、今すぐ日本年金機構のホームページで最新情報を確認した上で、一定期間さかのぼって納付することのできる「追納制度」を利用しましょう。

「将来、年金が破たんして払い損になりたくない」

と考える人もいますが、公的年金が破たんする可能性は、日本という国自体がなくなる確率に近いものです。その確率にかけて納めずにいることが、果たして賢明だといえるでしょうか。日本という国が存続する限り、年金を払って損をするということはありません。むしろ国が補助してくれているので、払っていたほうがお得だと考えるべきです。

†お金の勉強は広く、浅く――国民全員に必要なFP3級の知識

栗本さんは、「国民総FP化計画」という面白い計画を提唱しています。

これは簡単にいえば、「誰もがお金のことをきちんと管理できるようになろう」というものです。国民全員がFPのようにお金に関する知識を持つようになれば、世の中がよい方向に向かうはずだという栗本さんの信念に基づいています。

先述の通り、FPとは生活に関わるお金の悩みを解決してくれるアドバイザーです。家計を立て直すには支出をどのように削ればいいのか。自分はどの保険に入るのがよいか。手元の資金をどのように運用していけばいいか。そういった悩みをFPに相談すれば、専門知識と経験に基づいたアドバイスをしてくれます。

「でもFPは専門家でしょう？　国民全員がFPになろうといっても、そう簡単にはなれないのでは？」

そう思われる方もいると思います。実際、その通りです。FPになるには、勉強をして試験をパスしなければいけません。世の中で「ファイナンシャル・プランナー」と名乗っている人たちは皆その試験に合格し、資格を取得しているのです。

ただし、栗本さんが言う「総FP化」のFPというのは、「専門家になるための知識を身につけよう」というものではありません。受験生のように、机に向かってガリガリと勉強する必要もありません。あくまで生活する上において必要最低限のお金の知識を身につけることが目的です。

「まずは、「広く、浅く」で十分です。社会人になるといろいろな人が近寄ってきます。その時に誰が正しいことを言っているか判断するために必要なのは、狭く深い知識ではなく、浅くてもいいから広い知識です。それが自分や家族を守ることにつながります」

お金というジャンルは広範に及びます。税金、年金、貯蓄、投資、保険、簿記など、すべてを勉強するのはとても大変。どれか一つに詳しくなれたとしても、他のことが分かっていなければ実生活で困る場面が出てくるでしょう。ですので栗本さんの言うように、「広く、浅く」の勉強をしながら全体を見渡せるようになることがまずは大切なのです。

では実際に、どの程度の勉強をすればいいのか。

栗本さんは目安として、FPの資格で最も易しい「3級FP技能士」レベルの勉強をすすめています。FPには、国家資格の「FP技能士」と、NPO法人・日本FP協会が認定する資格があり、「3級FP技能士」というのは前者のFP技能士に当たります。FP試験の参考書を拝見したところ、扱っている内容は、源泉徴収や年末調整、相続、年金など、社会人として最低限知っておくべきことばかりです。FPをなりわいとするには、2級を取得し、そこからさらに1級や日本FP協会の資格を取得していく必要がありそうですが、「誰もが知っておくべき知識」としては3級はちょうどいいレベルだと思います。

後で紹介する、公認会計士であり作家の山田真哉さんも、複式簿記3級程度の知識があれば世の中の見え方が変わってくるとおっしゃっていました。資格を取る取らないにかかわらず、FPや簿記の基礎勉強は、どんな仕事の人でも必ず役に立つ知識ばかりです。むしろ「知らないと損をする」ということのほうが多いかもしれません。一度参考書を手にとってみることをおすすめします。

†「うまい儲け話」には必ずカラクリがある

友人知人、あるいは全く見知らぬ人から、「うまい儲け話」を聞かされることがあるかもしれません。「健康食品を友人にすすめると紹介料をもらえる」「今この絵を買うと必ず値上がりする」「競馬で絶対当たる情報がある」「1000万円を提供するので今すぐこのメールに返信してください」などなど。こういう怪しげな話には絶対手を出してはいけません。

今さらそんな古典的な詐欺に引っかかるわけがないと思う人も多いでしょうが、そういう人でも気をつけたいのは、まともそうな情報源から出てくる儲け話です。たとえば、新聞や雑誌に載っている投資商品の中には、驚くような高利回りをうたうものもあります。媒体への信用から「たぶん安全な商品なんだろう」と思ってしまうかもしれませんが、世の中に、リスクも取らずに儲かる方法などありません。この超低金利時代に平均よりも高い利回りをうたう金融商品には必ずカラクリがあるものなのです。

その中で比較的よく目にするものが、外貨定期預金。新聞の広告欄で高い利回りをうたうこの金融商品も、詳細を見れば広告の派手さほどお得な商品とはいえないところがあります。

外貨定期預金には、米ドル、豪ドル、ニュージーランドドル、南アフリカランドなど、複数の選択肢が用意されています。先ほども述べたように日本は超低金利のため、定期でも今は年利0.2%あれば高いほうです。ところが外貨定期預金であれば、それ以上の利息が付くのが当たり前です。通貨によっては、年利7.5%という高い利息の付く商品もあります。利回りだけを見ればお得な金融商品のようにも見えます。

しかしこの利息分がそのまま資産増になるわけではありません。利息に対しては税金がかかりますし、銀行に対しても手数料がかかります。この手数料は円を外貨に替える時だけでなく、外貨を円に戻す時にも発生します。つまり1往復につき2回分の手数料を払わないといけません。

ある銀行が販売している米ドルの定期預金では、金利が0.5%、手数料が1米ドルあたり25銭に設定されています。1万ドル（1ドル＝100円換算で100万円）を1年間預けたとしたら口座の残額は1万50ドルになりますが、行きと帰りの手数料で5000円ちょっとかかります。1ドル100円と仮定して計算したら、わずかに元本割れする計算です。

為替リスクも忘れてはいけません。円に対してその通貨の価値が下落すれば、預けていたお金の価値が下がります。逆に為替差益が発生して儲かることもあるかもしれませんが、為替相場を読むことはプロのトレーダーでもとても難しいことなので、儲かった時は「運がよかった」と思うべきでしょう。実力で当て続けることはまず不可能です。

こうして外貨定期預金の特徴を見ていくと、この金融商品が資産を確実に増やしたい人向けの商品ではないことが分かります。どちらかといえば、為替の動きにベット（かけ）する商品です。円に資産を集中させるのを避けたい、分散投資をしたい、あるいは将来海外留学を考えているなど、外貨の実需がある人にとっては有力な選択肢の一つとなるでしょう。

†保険の営業職員に保険を勧誘されたら

社会人になると、生命保険や医療保険などへの加入をすすめてくる人が必ず現れます。保険会社に勤める親戚、保険会社に就職した友人、昼休みになると職場に現れる保険会社の営業職員。「社会人として保険くらいには……」と、保険への加入があたかも社会人のたしなみであるかのように言われることもあるでしょうが、相手がプロだからといって言われるがままになってはいけません。保険は高い買い物。あれも心配、これも心配といろいろな特約を付けて月々2万円の保険に入るとしたら、年間24万円。10年で240万円。自動車が買えてしまう値段です。一生払い続けるとしたら1000万円を超えてくる計算です。家電や自動車を買う時は、機能や耐久性、口コミなどをよく調べてから買うのに、不思議なことに保険は内容を吟味せずに入る人がとても多いものです。

とはいえ、最近まで学生だった新社会人が、10年後、20年後の自分を想像しながら保険を吟味するのは難しいかもしれません。かくいう僕自身も、営業職員にすすめられるがまま保険に加入した経験があります。

社会人2年目の時のことです。大学の同級生から外資系生保の男性営業職員を紹介され、一度なら会ってみてもいいかと思い、その営業職員と面会する時間を持ちました。当時の僕は、将来の自分が保険業界に身を置くことになるとは考えもしなかったので、保険に関する知識はほとんどありませんでした。情報量は営業職員のほうが圧倒的に多く、彼のペースで話は進んでいきます。

「岩瀬さんのようなお仕事なら、毎月2万円くらい払ってもよいのでは？」

相手もプロですから、どんな言葉をかければこちらの自尊心をくすぐることができるかを熟知しています。当時の僕は独身で、今考えれば高すぎる保険なのですが、「あなたはそれだけの仕事をしている」と言われると悪い気はしません。心の奥に眠るプライドをくすぐられて、「自分も高い保険に入ったほうがいいのかな」という気になってしまいました。

それでも「相手の言いなりになってはいけない」と思った僕は、自分なりに保険の勉強をして、時折彼に意地悪な質問もしてみました。その程度で一人前に会話を交わしていたつもりになっていたのです。結局3、4回ほど会って契約をしましたが、それが自分主導ではなく、相手の意のままに選ばれた保険であったと気づいたのは、後になってのことです。

今の仕事を始めてから、たまたまその保険会社の営業マニュアルを目にする機会がありました。「どんなことが書かれているのかな」と興味本位で開いてみたのですが、それを読んで愕然としました。僕が会っていた営業職員は、そのマニュアルの台本通りの話法で僕をコントロールしていたに過ぎなかったのです。しかも、僕のためだけのオーダーメイドであるはずの保険プランまで、マニュアルに書かれたいくつかのパターンから選ばれたものでした。

もし自分が主体的に考えて保険に入ろうとすれば、違う選択肢もあったかもしれません。あの時、なぜ相手に言われるがまま、正確には保険会社のマニュアル通りに高い保険に入ってしまったのかというと、自分の知識不足もさることながら、そこに「知り合い経由で紹介されているから」というやや面倒くさい事情があったことも否定できません。知識不足だけなら「よく分からないのでやめます」と簡単に断れますが、誰かに迷惑が及ぶのではないかと考えると、こちらも誠意ある対応を見せなければならないと感じてしまいます。

僕と同じような経験を持つ人は少なくないでしょう。本音では断りたい、別会社の保険と見比べてから決めたいと思っても、「他の人も入っているみたいだし」とか「人付き合いもあるし」という理由で仕方なく契約に至る人もいると思います。

実はこのような営業手法こそが、日本の生保業界に長らく定着していた「GNPセールス」なのです。契約を取るために、義理（G）、人情（N）、プレゼント（P）を駆使することから、それぞれをローマ字表記した頭文字を取って名付けられました。

こうした背景があることを知っておかないと、かつての僕のように言われるがままに契約してしまう恐れがあるので注意してください。

†なぜ保険だけ「昼休み営業」が許されるのか

昼休みになると保険会社の営業職員がオフィスに現れる風潮も、日本企業ならではの独特の文化のようです。IT企業の役員でもあるお笑い芸人の厚切りジェイソンさんは僕と対談をした時に、「日本のドラマを見ていて初めて知った」とおっしゃっていました。とても異様な光景に映ったようです。

「お久しぶりです」「お変わりないですか?」と顔見知りの従業員たちに声をかけながら、保険未加入の新入社員を見つけては積極的にアプローチをしていきます。外食などで不在にしていると、席の上にチラシや直筆の手紙などが置かれていることもあります。最近はオフィスのセキュリティが厳しくなっているために減ってきているようですが、オフィスの玄関や社員食堂で待ち構えていることもあります。

社会人になったばかりの頃は、「会社ってこういうところなのかな」と営業職員の活動にあまり疑問を持たないかもしれませんが、勘のいい人は社外の人間がオフィスに入ってきて平然と営業をしている光景に疑問を持つことがあると思います。保険以外の業種の営業職員が同じようなアプローチをしたいと思っても、企業側から断られるのがオチです。なぜ保険だけは特別に許されてきたのか。

保険会社というのは、加入者から集めたお金をさまざまな形で運用しています。運用先の一つが国内の株式です。バブル期に爆発的に資産を増やした日本の保険会社はいろいろな会社の大株主となったことで、自分たちが株を持っている会社に見返りで営業職員を送り込むことができたというわけです。それはさすがにコーポレート・ガバナンスの観点から問題があるのではないかという話にもなって、昔ほど見られる光景ではなくなりましたが、今もそのなごりで保険だけは特別に営業を許可されていることがあります。

こうした経緯や背景の一つでも知っておけば、保険を勧誘された時も冷静に相手の話を聞くことができます。大事なのは、相手のペースにのまれないこと。いろいろと知識を蓄えて、自分が主体的に考えられるようになってから検討しても遅くはありません。そして、家を購入するのと同じような気持ちで、必ず一度は複数の選択肢を比較すること。とくに保険料が比較的安いものが多い通販やネット系の保険は検討してみてください。また、保険という商品はその人のライフステージによっても必要かどうかが変わってきます。多いのは、結婚をして、子どもが生まれる時に生命保険に入るというパターンです。

世の中にどんな保険があるのか。その中で自分に必要なものはどれか。保険に入る前に注意しておくべきことは何か。そういったことは第3章で詳しく述べますので、実際に「入るかどうか迷っている」という人はそちらもご覧になってみてください。

第2章

お金に振り回されない、これからのキャリア論

お子さんが生まれた後でも、働き続ける限りビジネスパーソンであることに変わりありません。しかし多くの人はこう悩む場面を経験するでしょう。

「仕事を取るか、家庭を取るか」

とくに出産をした女性にとって、職場復帰してワーキングマザーとなるか、キャリアを中断して専業主婦になるかは、人生における大きな決断となります。

それに対して「選択肢があるだけ恵まれている」という反論もあるでしょう。働くママをサポートしようとする社会的風潮が高まっているとはいえ、すべての企業でサポート体制が整っているわけではありません。最初から仕事を辞めるしか選択肢がない人もたくさんいます。企業側が女性の妊娠や出産を理由に解雇することは認められていませんが、別の理由を付けて解雇したり、辞めるように仕向けたりという例はいまだに見受けられ、訴訟に発展してニュースになることもあります。「ただでさえ出産と育児で大変なのに、余計なことで争うエネルギーなんてない……」とその会社で働き続けることを諦めて、子どもに手がかからなくなるまで専業主婦をする、という人も少なくないでしょう。

時代の変化の中で、男性も育児と無関係ではなくなっています。女性が職場復帰をするには、配偶者の協力が不可欠です。

男女ともに仕事と育児の両立を考えなければならない時代になる中で、私たちは新しい価値観を持って自分のキャリアを築いていくことが求められています。その過程でも常につきまとうのは「お金」。スキルアップにも、人脈構築にも、健康維持にもお金がかかります。どうしたって、お金を中心に話は回っていきます。

この章では皆さんと、「豊かなキャリア」について考えてみたいと思います。パパ・ママのためのキャリア論というよりは、すべてのビジネスパーソンにとってのキャリア論といってもいいでしょう。パパ・ママになって働き方が大きく変わるといっても、まずはその基礎となる考え方を固めることが大切です。

「お金があること」

「好きな趣味に没頭すること」

「家族と自分が健康でいられる働き方」

いろいろな考え方がある中で、自分自身の「豊かなキャリア」とは何かを考えてみてください。

†「大手商社を辞めて月収1万円」のキャリアは幸せか、不幸せか

高い給料をもらっている人は「人生の勝ち組である」と一部のメディアが世間を煽ることもありますが、お金だけが判断基準になってしまうと、人生の本質まで見失うことにもなりかねません。本書はお金の本ですが、この章で最初に紹介したいのは「お金で測ることができない人生の豊かさ」について考えさせられるお話です。

落語家の立川志の春さんをご存知でしょうか。小学生時代の3年間と大学生時代の4年間、合計7年間をアメリカで過ごした志の春さんは、その語学力を活かした「英語落語」が話題になるなど、注目される若手落語家の一人です。

僕は文楽や歌舞伎などの伝統芸能が好きで、たまに落語も聴きに行きます。こんなに面白いものを自分だけで楽しむのはもったいないので、飲み会の前に「ちょっと落語を聴いてから行こうよ」と他の人を誘ったこともあります。「小難しそう」と思われるかもしれませんが、テンポよく語られるウィットの利いた話は現代人にも共感できるものが多く、大いに楽しめます。チケット代は数百円から数千円で、お財布に優しい趣味でもあるのです。

志の春さんとの対談が実現した時の感想も、「やっぱり落語家の話は面白い！」。ライフネット生命の社員やお世話になっている方たちにもその楽しさを知ってもらおうと、後日会社に志の春さんをお招きして、近所の方々も参加できる「麴町ライフネット亭 feat. 立川志の春」なる落語イベントを開催したこともあります。

そんな志の春さんのエピソードをここで紹介しましょう。

立川志の春さんは、僕と同じ1976年生まれ。千葉県の高校を卒業後、アメリカの名門イェール大学に入学します。同大学を卒業した後は日本に戻り、1999年、大手総合商社の三井物産に入社。ここまでは絵に描いたようなエリート会社員の経歴なのですが、入社3年目の秋に、人生を変えるある出来事に遭遇します。

当時の彼女と二人で巣鴨の餃子屋さんに向かっていた志の春さん。道の途中でたまたま彼女が「立川志の輔独演会」というのぼりを見つけ、奇跡的に残っていた当日券を購入して会場に入りました。それまで落語に全く興味のなかった志の春さんは、この時「早く餃子を食べたいなぁ」と思っていたそうですが、いざ志の輔さんの落語が始まると抱腹絶倒。こんな世界があるのかと衝撃を受けて、これまで築いたキャリアをすべて投げ打って立川志の輔さんに弟子入りしたのです。

とはいえ、落語家の修業生活は生半可な気持ちで全うできるものではありません。まず、弟子になっただけでは給料も出ません。収入のない見習い期間を終えるまでには、通常3カ月から半年かかるそうですが、志の春さんはその倍以上の1年3カ月かかってようやく卒業することができました。

師匠から名前を付けてもらうと、付き人をしながら師匠の前座でお客さんの前に出ることが許されますが、ギャラは1回につき5000円。最初のうちは月に2回ほどしか出られないので月収はたったの1万円にしかなりません。腕を上げて稼げるようになっても、前座時代の月収は最大7万円ほど。落語の世界で一人前として認められる「二つ目」になるまで、志の春さんは7年もの間、そのような生活を続けていたそうです。

見習い期間から数えると、8年3カ月の修業時代。気が遠くなる長さです。しかも年齢にして26歳から34歳という、ビジネスパーソンとして最も成長する時期ですから、人生をかけた大勝負だったといえます。

大企業に勤め続けていれば、安定した給料をもらって、快適な家に住んで、休日を満喫することもできたでしょう。しかし志の春さんが選んだのは、風呂なし・トイレ共同のアパート生活。休日という概念はありません。頭の中は朝から晩まで師匠のことばかり。

「師匠一人を快適にできないでお客さんを快適にできるわけがない」と兄弟子から教わった志の春さんは、師匠の考えと自分の考えが同化できるまで師匠のことを考え抜き、いつ終わるかも分からない付き人生活を送っていたのです。

お互いにお金のない兄弟子との間では、こんなこともあったそうです。

「この世界では、先輩と後輩が一緒にご飯を食べたら、先輩が全部奢ると決まっています。でも兄弟子たちだって、前座時代を過ごしている間はお金がありません。ある時、私と一緒にご飯を食べに行った兄弟子がこんなことを言うことがありました。

「志の春、俺はこれからおまえにメシを奢るが、財布にお金がない。だからお金を貸してくれ。その金で奢るから」

普通の感覚では意味が分かりませんよね。でも「すいません、ごちそうさまです」と言っちゃうんです。あとでしっかりお金は返してくれますけどね。芸人の世界は今も、「宵越しの銭は持たない」江戸っ子の世界と通じている部分があるような気がします。お互いお金がない者同士だけど、誰かが面倒を見てくれる。長屋で共同生活をするような安心感があるので、気前の良さを優先できるのかもしれません」

そういう世界も、案外いいのかもしれない。僕はふとそう思いましたが、これは芸人同士の世界だから通用する話。一歩そこから外に出れば、学生時代の友人や昔の同僚から、飲み会などの誘いもあるでしょう。ましてや志の春さんが修業していた20代後半から30代前半というのは、友人の結婚式が相次ぐ時期。当時の志の春さんは祝儀として出すお金も、それを稼ぐ時間もなく、結婚式のような行事とは無縁の生活を送っていたのだそうです。

ただ、興味深いことに、その時につらいと思ったり、卑屈になったりすることはなかったといいます。

「それだけ芸に身を捧げていました。サラリーマン時代は、どこかモヤモヤしながら「本当にこれをやりたいのかな、一生これをやっていくのかな」という迷いのようなものがあったので、人生をかけて目指すものができてスッキリしたんでしょうね。「俺がやりたいのはこれだ」というものができて、精神的に安定しました。経済的に安定しているけれど精神的にモヤモヤしている、というよりも、自分にとってはそっちのほうが断然良かったのです」

僕はキャリア論の講演を頼まれた時に、志の春さんのエピソードを紹介することがあります。最近は、キャリアに悩む本人向けではなく、進学校の保護者向けの講演で紹介しました。おそらくこの本をお読みの皆さんも、自分のキャリアと同じくらい、あるいはそれ以上に自分の子どものキャリアについて考えることがあるかと思います。高い学費を払って「いい学校」で教育を受けさせた自分の子どもが、志の春さんのように、収入が必ずしも高くない仕事をしたいと言ったら、あなたはどうされるでしょうか。幸せな人生、幸せなキャリアとは、いったい何だと思いますか？

ちなみに志の春さんの2つ下の弟、小島良太さんは、イギリスのオックスフォード大学の数学科を卒業した後、劇団四季に入団されています。2人の息子が「想定外」の人生を歩むことになり、ご両親はどういう反応だったのかというと……。

「弟が劇団四季に入団した時は、私は小島家にとって「頼みの綱」だったんです。次男が表現の世界に行っても、長男は大手企業で頑張っているからいいか、というくらいだった。でも私が落語の世界に行きたいと言ったら、突然弟と立場がひっくり返ったんです。「すばらしいじゃないか、劇団四季」と。私が落語家を目指すことに対して、親父は何も言いませんでしたが、おふくろからは猛反対されました。やってみないと分からないじゃないかと言っても全否定。「あんたなんか絶対落語家に向かない。無理。やってみなくても分かる。確信がある。私が産んだんだから」と。でも師匠（立川志の輔さん）からは、親を説得してからでないと弟子にすることはできないと言われていたので、3カ月くらいかけて何とか許してもらいました」

僕が志の春さんの落語を聴きに独演会に行った時のことです。その日の受付には、猛反対されていたはずのお母様がいらっしゃいました。落語家として道を歩み始めた息子さんを、修業時代からずっとサポートしていたのだそうです。

そしてもう一人、志の春さんのエピソードに登場する人物で気になる方がいます。巣鴨の餃子屋さんに行く途中、志の春さんの人生を変えるきっかけを作った、「当時の彼女」です。およそ8年に及ぶ修業時代、その彼女とは年に4、5回ほどしか会えなかったのだそうですが……。

ご安心ください。現在はご結婚されて、志の春さんの奥様でいらっしゃいます。

†お金がキャリアの選択肢を与えてくれる

僕自身の経験もここで少し述べておきましょう。

僕が大学を卒業した1998年は、いわゆる「就職氷河期」のまっただ中。景気の冷え込みも厳しく、就職先がなかなか決まらずに四苦八苦する学生がたくさんいました。ところがそんな学生たちに人気の企業といえば、大手電機メーカーや自動車メーカーなど、誰もが知っている有名な大企業ばかり。バブルの頃と大きく変わるものではなく、年功序列や終身雇用といった日本企業の伝統的システムもまだまだ根強く残っていました。

そんな中で僕が選んだ就職先は、外資系コンサルティング会社、ボストン コンサルティング グループでした。学生時代に司法試験にも受かっていたので、周囲からは「どうして弁護士にならないの？ もったいないよ」「コンサルタントって何をする仕事？」「外資系って怪しくない？」といったことをよく言われました。当時の日本ではまだコンサルタントという仕事が認知されておらず、珍しがられていました。

ボストン コンサルティング グループを退社した後は、インターネット・キャピタル・グループ、リップルウッド・ジャパンといった外資系投資ファンドに勤め、28歳の時にハーバード大学経営大学院に留学。そしてライフネット生命の起業へと至ります。

雇用が流動化し、グローバル化している今でこそ、転職や起業、外資系企業への勤務といった経歴は珍しくありませんが、当時の王道とは真逆の「裏街道」を歩んできた僕には、一緒に仕事をしてきた仲間たちとは道無き道を歩んできたような感覚もあります。

転職や起業というと、もっといい給料をもらいたいとか、お金儲けをしたいとか、そういった理由を第一に考える人も少なくないでしょう。しかし僕は、きれいごとを言うつもりはありませんが、お金を基準に仕事を選ぶようなことはありませんでした。お金がたくさんもらえるかどうかよりも、自分が楽しいと思えることや成長につながりそうなこと、社会にインパクトを与えることをしたいと思っていたのです。

一方でふり返ってみると、何をするにもお金は必要でした。転職するには次の仕事が見つかるまでの生活費が必要。留学をするには入学金や授業料、渡航費、滞在費が必要。起業をするには創業資金が必要。第1章でも述べた貯蓄は、最悪の事態に備えるためだけではなく、自分の人生を切り拓く際にもとても重要な「道具」になります。

先ほど紹介した落語家の立川志の春さんも、落語の世界に飛び込んで長い修業生活を全うできたのは「お金を貯めていたから」と話しています。志の春さんは、自身の「お金観」についてこう語っています。

「修業中はアルバイトをする暇もないので、サラリーマン時代の貯蓄を食いつぶしながら生活していました。生活費としてかかるのは家賃と携帯電話代と食費くらいなもので、月に7万円あれば足りていましたが、修業初期にはそれ以下の稼ぎしかなかったので貯蓄には助けられました。僕がもし、貯蓄をせず車をローンで買っていたり、お金のかかる趣味のようなものを持っていたりしたら、とてもじゃないけど落語家を目指すことはできなかったでしょうね。そういう意味で、僕にとってお金とは、「選択肢を与えてくれるもの」だったのだと思います」

僕が20代でアメリカに留学できたのも、何とか貯蓄をしていたからでした。社費などではなく私費留学だったので、相当な覚悟を決めてから行きましたが、もし貯蓄がなければ留学という選択肢はなかったでしょう。

誰しも、いつどのようなタイミングで人生の転機が訪れるか分かりません。志の春さんのように、突然やりたいことが見つかるかもしれない。あるいは、恋人が海外勤務になって、一緒に暮らすために日本を飛び出すかもしれない。家族や恋人の病気や死に直面し、これまでの仕事を辞めて大切な人と過ごす時間を優先する生き方に変わるかもしれない。自然災害をきっかけに、地域社会に貢献する活動に目覚めるかもしれない。

そんな時に、自分の進みたい方向に舵を切るためには、どうしてもお金の話がつきまといます。大金を準備しておく必要はありませんが、新しい収入源を確保するまでの生活費は手元に残しておいたほうが選択肢が広がるでしょう。

必要になってからお金を貯めはじめるのでは、タイミングを逃してしまいます。社会人である以上は、常に貯蓄を意識した生活を心がけるべきでしょう。お金を貯めることが目的になってしまっては本末転倒ですが、自分の望む道に進むのにどのくらいのお金が必要か、その資金を貯めるのにどのくらいの時間がかかるかといったことは、早いうちに把握しておきたいものです。

†借金で夢を叶えることは悪いことなのか

「うちはずっと無借金経営でやってきたんだよ」

「それは立派ですね。うちも見習いたいですよ」

社長同士のこんなやり取りをどこかで聞いたことはありませんか？　でもこの話の「無借金」というところ、金融の理論からすると必ずしも良い、というわけではありません。

企業という組織は資本を元手に何か価値のあるものを作り出し、それを売ることで利益をあげます。しかし、自分の会社にあるお金だけで何かを作ろうとしても、ビジネスは大きく育ちません。

たとえば100万円で作った製品が200万円で売れるとします。自社の100万円を元手に製品を作った場合は、それが200万円で売れて100万円の利益になります。一方、借りてきた100万円を元手に加えて200万円で製品を作った場合、400万円で売れて、借金を返しても手元には300万円が残ります。そこから元手を引いた利益は200万円です。この計算では利息や諸経費などを考慮していませんが、同じ100万円の元手でも、借金をしたほうが大きな利益をあげられるということが分かります。

経営者の腕の見せどころの一つは、このように少ない資本でいかに大きな利益をあげられるかということ。つまり、レバレッジのきいた経営ができているか、ということです。「無借金経営」とは聞こえはいいのですが、経営にレバレッジがきいていないということでもあるのです。

それなのになぜ、無借金であることがよしとされてしまうのか。

一つの理由に、世間での借金のイメージがあまりにもネガティブだからではないかと思います。

僕が以前に勤めていたコンサルティング会社で消費者金融業界のリサーチをした時に、「いいオーディオを買いたかったから消費者金融でお金を借りた」という利用者の男性がいました。僕が「なぜ銀行で借りなかったんですか?」と聞くと、彼はこう答えました。「銀行は家を買う時とかにお世話になる場所じゃないですか。自分の趣味のことでお世話になるところではないと思います」

オーディオが欲しいからという理由でも、条件さえ満たせばお金を貸してくれる銀行は見つかります。前出のスルガ銀行にも、ロードバイクやスキューバダイビングといった個人の趣味にも対応する「ライフスタイルローン」という商品があります。こうした銀行のローンがあるのに最初から選択肢から除外してしまうのは、「お金を借りることはよくない」という意識が根底にあることのあらわれでしょう。彼は「オーディオを楽しみたいという理由で借金をしている」ということを他人に知られるのが恥ずかしかったため、多少高い金利でも、銀行よりもクローズドな消費者金融でお金を借りたかったのです。

返済能力が十二分にあるのであれば、お金を借りてオーディオを買うのは必ずしも悪いことではありません。それでいい音楽を聴いて、リラックスできる時間が少しでも増えるのであれば、レバレッジのきいたお金の使い方だといえます。

海外留学に行くかどうかで迷っている人にも、借金によってレバレッジをきかせることができます。

スキルも収入も同じAさんとBさんがいたとします。借金嫌いのAさんは、5年間働いて自分でお金を貯めてから留学をしました。一方Bさんは、Aさんがお金を貯め始めた年に教育ローンで留学を決行しました。2年後、帰国したBさんは好待遇で再就職。収入が増えたことで借金を3年で返してしまいました。

最初の時点から5年後にAさんが留学のスタートラインに立ったのに対し、Bさんはその時にはもう、留学を終えて高いステージでの実務経験を積み上げているところでした。Aさんが長年の夢を叶えて2年間の留学から帰ってきた頃には、その差はさらに広がっていることでしょう。

「憧れのホールで演奏できるから新しい楽器が欲しい。だからお金を借りたい」とか「子どもにアイススケートを習わせたいからお金を借りたい」という人だって、同じようなことがいえると思います。お金をきちんと返せるプランさえしっかり立てておけば、借金は悪いことではないし、むしろいろいろな可能性を広げてくれる道具となるのです。

「でも借金で首が回らなくて大変だっていう人の話もたくさん聞いている」

そう思われる方もいるでしょう。確かに、貸す側のモラルの問題や、借りる側の知識不足でそのようなことは起こりえます。ですから、お金を借りる際には、まず知識をつけること、そしてお金をコントロールできるようになることが前提となってきます。

第1章でも紹介した元メガバンク支店長、菅井敏之さんによれば、借金で首が回らなくなる人は、大きな借金を一本抱えているというよりも、ローンを何本も重ねていることが多いといいます。住宅ローンや教育ローン、車のローンなど、複数のローンを抱えているうちにいつの間にか家計の収支がマイナスになってしまい、年収1000万円を超えていても破たんするケースがあるそうです。

生きていくうえで大事なのは、お金を稼ぐことだけではない。金融リテラシーを身につけることもそれ以上に大事なのだと、改めて考えさせられます。

†若い時の苦労は「買う」べきか

「若い時の苦労は買ってでもせよ」という言葉があります。このような格言は年を重ねるにつれて「その通りだな」と思うものですが、若い時にはなかなか理解し難いことかもしれません。普通は、苦労をしないためにお金を払うのが当たり前です。自分でお米や野菜を育てるのが大変だからスーパーで買う。物を直接届けるのが大変だから運送屋さんに運賃を払って運んでもらう。便利な電化製品を買ってそれを使うたびに電気代を払うのも、日常生活の苦労を取り払いたいからです。実際のところ、お金を払って好き好んで苦労をしている人はいないでしょう。

それなのになぜ、人生の先輩たちは若者たちに「苦労を買うべき」というのか。

僕はよくアスリートにたとえて考えています。一流のアスリートたちは、自分の能力を高めるためにハードなトレーニングをしています。年がら年中きついトレーニングをしているわけではないでしょうが、「したことがない」という人はいないでしょう。どんなアスリートも、きついトレーニングを避けて大成することはありえません。

ビジネスパーソンも同じです。多くの人が避けたくなるような仕事をこなすことが、働くための基礎体力を上げることにつながることもあります。苦労から逃げ続けていると、土台部分がしっかりしないまま30代、40代を迎えてしまいます。そういう人は、いくら仕事ができるように装ってみても、イレギュラーなことが起こった時や、重要な判断を求められた時などにうまく対処することができません。

一口に「苦労」といってもさまざまです。ものすごい量の仕事を引き受けて徹夜をしてそれを片付けたり、給与面での待遇が変わるわけでもないのにプロジェクトのリーダーを引き受けたり、通常業務だけでも忙しいのに社員旅行や社内イベントの幹事を任されたり。本人はそれが苦労だと感じていないこともありますが、目に見える褒美が与えられなくてもそういうことをする人は「自分で苦労を買っている」といえるでしょう。

「自分への投資」と違って、それをやったからといって得られるリターンは何もないかもしれません。でも、後になって振り返った時に、「自分はあれだけのことを乗り越えた経験があるから大丈夫だ」という自信につながっているはずです。逆に「あの経験がないまま今に至っていたら……」と思うとゾッとするでしょう。

僕自身の若手時代を振り返ってみると、少なからず苦労をしていたようです。他人《ひと》ごとのような表現をしているのは、当時はそんな自覚がなかったからです。後になって「岩瀬ほど働く奴はいない」と人に言われて、自分が他の人よりも苦労する道を選んでいたことを知りました。

最初に入った外資系コンサルティング会社では、まだ新人だったこともあり、書きかけのプレゼン資料を「ああでもない、こうでもない」と会社で夜通し考えていることがよくありました。眠くなるとスーツ姿のまま会議室の床に寝転んでひと休み。会社にたくさんの先輩コンサルタントが残っていました。明け方まで作業をしてタクシーで帰宅し、シャワーを浴びて着替えるとまた8時に出社。今思えばもっと早く妥協してもよかったのかもしれないし、もっと効率のよい働き方もあったのかもしれません。でも、自分の限界までもがいた経験があるからこそ、今の自分があるとも思っています。

その後入社した投資ファンドでも、勤務時間はあってないようなものでした。昼間の通常勤務に加え、日本時間の午後9時からはニューヨークのオフィス（向こうは朝です）に出社してくるオランダ人に電話をかけて、宿題をもらって日本時間の明け方まで仕事。まだ若くて気力も体力もあり余っていたので、それでダウンするようなこともありませんでした。

今同じことをやってみろと言われても、体力的に恐らくできないと思いますが、こうした昔話をする人はそんなに珍しくないような気もします。僕の周りでも、若手時代に似たようなことを経験している人が少なくありません。しかし労働管理が厳しくなっているこのご時世、深夜残業も厭わない働き方を他人にすすめることはできません。ましてや僕は今、経営者という立場ですから。あくまで僕自身の生き方として、「時代背景もあり、自分は20代のうちにめいっぱい負荷をかけることができて本当によかった」という話です。

もっとも、「成長のために自分に負荷をかける」ということ自体はいつの時代も不変だと思います。そのやり方が「オフィスに残って働く」ということではなくなっただけのことです。苦労することはおすすめします。40歳くらいになった時に、「あの時苦労をして損をしたなぁ」と思うことはありませんので。

†身体のメンテナンス費用をケチらない

負荷をかけて働くといっても、体を壊してしまっては元も子もありません。いくら仕事の能力があっても、風邪をひいて頭がボーッとしていたり、虫歯が気になって仕方なかったりという状況では、本来持っている自分の力を発揮できません。悪いところがあれば一刻も早く治すべきであることはもちろん、そうならないように普段の健康管理をしっかりしておくべきです。

強いストレスの中で最高のパフォーマンスが求められるビジネスパーソンの体は、いうなればF1のマシンのようなもの。バックストレッチで思いっきりアクセルを踏み込めるように、ヘアピンカーブをロスなく曲がれるように、そして何十周と走り続けられるように、メカニックたちはレース直前までマシンを入念にチェックしています。何のメンテナンスもしないままレースに臨むチームがないのと同じように、私たちも仕事に臨む前にはきちんと自分の体をメンテナンスしておかなくてはなりません。

ではどのようにメンテナンスをすればよいのか。F1のマシン同様、自分の健康状態もプロにみてもらうのが一番です。そこにかかるお金をケチってはいけません。後々にかかる出費を考えても、そのほうが安上がりになることが多いと思います。

まずは年に一度の定期的な健康診断。会社勤めの人は、会社が入っている健康保険組合の健康診断を受けていると思いますが、個人事業主や失業中の人、専業主婦の人も必ず受けておくようにしましょう。多くの市区町村では、健康診断を受ける機会のない人に対して、無料検診を実施しています。人間ドックや脳ドックなど高額な診断には助成制度が設けられていることもあります。高度な診断でがんなどの病気を早期に発見できれば、治る確率も高まります。「がん保険に入っているから安心」といっても、保険ががんを治してくれるわけではありません。健康診断を実施している自治体はホームページに情報を載せているので、自分の住んでいる地域ではどうなっているのか、一度チェックしてみてください。

と、僕がわざわざ余計な心配をしなくても、多くの人は健康診断をちゃんと受けていることと思います。でもそれ以外に何かメンテナンスをしている人は、そんなに多くいないのではないでしょうか。

僕は30代半ばに差し掛かった頃に、歯科医の友人から「35歳からは歯が悪くなりやすいからちゃんと診てもらったほうがいいよ」と助言を受けました。歯医者という場所は虫歯になってから行くものだと思っていましたが、それ以降、3カ月に一度は診てもらうようにしています。そのほうが時間的にも経済的にもメリットが大きいと思ったからです。

一度虫歯になると、完治するまで何度も歯医者に通わないといけません。忙しい人にとっては大きな時間のロスです。それなら時間も費用も自分でコントロールしやすく、口の中の健康も保てる定期検診を受けたほうが遥かによいでしょう。予約をしておけば待ち時間を合わせても30分ほどで済みますし、虫歯のチェックだけでなく、ブラッシング指導や歯石の除去もしてくれます。歯石は自分で取ることが困難なうえ、放置していると口臭や歯周病の原因にもなります。このやっかいな歯石を取ってもらえるだけでも、歯科検診を受ける価値は十分あると思います。

僕が実践している体のメンテナンスは、他にもまだまだあります。夜寝る前と、朝起きてからのストレッチ。月に一度のマッサージ。そして会社のヨガ部に参加することです。

この中でマッサージだけはお金がかかってしまいます。でも体がほぐれて「よし、次の1カ月もがんばろう！」という気分になれるので、ひと月頑張った自分へのご褒美と思って受けています。それに、体のどこかにガタが来ていれば、マッサージ師さんはすぐに発見してくれます。ちょっと値は張りますが、コストパフォーマンスは悪くないと思っています。

会社のヨガ部というのは、部活動の盛んなライフネット生命で数年前に発足しました。ヨガをつづけたところ、血色がよくなって風邪をひきにくい体になりました。ヨガの呼吸法により、血液の循環がよくなったのかもしれません。普通に生活をしていて自分の呼吸や血液の流れを意識することはなかったので、やってよかったと思える活動の一つです。

病気に対する備えは、医療保険やがん保険への加入や貯蓄ばかりではありません。健康的な生活を心がけ、病気になりにくい体をつくること。病気になってもそれを早期に見つけるために健康診断を受けること。お金で健康は買えませんが、健康であれば医療費がかからないので出費は抑えられます。家計にとっても健康であることが一番よいのです。

自分の体は、車よりも家よりも長く使っていくもの。車や家に維持費がかかるように、健康的な体を維持するための費用はケチらずに出してよいと思います。それが一日でも長く健康に働くことにつながります。自分が健康であることは、家族の安心や幸せそのものでもあるということを自覚しつつ、「健康第一」を心がけてください。

†「走る経営者」が多いのはなぜか

健康維持のためには体のメンテナンスのほかに、普段の運動も欠かせません。ここで紹介するのは、僕が5年ほど前から始めたランニングです。

経営者にはランニング愛好家が多い。そのことはだいぶ前から気づいていましたが、もともと短距離型だった僕は長距離を走るのが苦手で、自分はランニングとは縁がないだろうな、と思っていました。ところがライフネット生命の部活動でランニング部が立ち上がったのでそれに参加してみると、思った以上に効果があることを発見しました。汗をかくと頭も体もリフレッシュして、すっきりする。仕事への活力につながるのです。

気づけばもう、地方のマラソン大会にまで出場する愛好家の一人になっていました。初めて参加したのは、2014年10月に行われた軽井沢のハーフマラソン。その勢いで翌月には、河口湖周辺を走る「第3回富士山マラソン」に出場しました。アラフォーにして人生初のフルマラソンです。足が棒になりながらも、何とか無事、完走することができました。

2015年2月の東京マラソンにも参加しました。普段は車が行き交う都心の道路がランナーたちで埋め尽くされ、沿道にも声援を送る多くの人たちがいました。知らない人から「がんばって！」と声をかけられたり、子どもとハイタッチしたり。多くの人から勇気をもらったことで、やっぱり人間は多くの人に支えられながら生きているんだな、なんてことも考えさせられました。

その後も岡山や那覇などの大会に参加していますが、普段はランニング部の仲間と皇居の回りを走ったり、それに参加できない時は朝の出社前に自宅近くを3、4キロほど走ったりしています。

ランニングをするようになって、ランニングと経営にいくつもの共通点があることに気づきました。多くの先輩経営者たちがランニングを趣味としている理由もそこにあるのかもしれません。

共通点の一つは、ランニングも経営も目標を自分で自由に設定できるということです。マラソンが得意な人は大会で上位を狙えばいいでしょうし、それほどでもないという人は自分のベストタイムを更新する、完走する、といった目標を設定すればいいでしょう。大事なのはその大小ではなく、自分で設定した目標をいかにクリアしていくかということです。

ライフネット生命には、「100年後に世界一の保険会社を目指す」という長期ビジョンがあります。これがランニングの目標設定に当たります。元会長の出口はよく「生命保険はマラソンのような長期の事業で、ライフネット生命はまだ競技場を出たばかりだ」とたとえます。いま時点の順位に固執しなくても、あくまで100年後(今から数えて90年後)に向けて、日々何をしていくかということが大事なのです。

僕がランニングから得たものは大きく3つあります。長期にわたる挑戦をする際にはペース配分が大切であると知ったこと。コツコツと努力を続けていれば、当初は無理だと思うようなことでもできるようになるという自信を持てたこと。もう一つは、一人になっていろいろなことを深く考える時間を作ることができたことです。

ランニングという趣味には、健康な体づくりにつながるフィジカル面でのメリット以外にも、社会人なら誰にとってもプラスになることがたくさんあります。フットサルやバスケットボールなどの運動もいいと思いますが、そういったスポーツは人数が揃わないとできないので、すぐには習慣化することができません。ランニングであれば、一人でも始められます。道具も要りません。公道や公園など自分の好きなところを走ればいいので、場所の確保も不要です。もちろん、歩行者の邪魔になってはいけませんが。

「運動をしたい。仕事にも還元することをしたい」という人には一挙両得の趣味なのでおすすめはしますが、無理強いはしません。誰かに言われて始めても長続きしないからです。それでもこれから始めようとする人に一つアドバイスを送るとすれば、「楽しく続けるコツを編み出すこと」です。たとえば、仲間と待ち合わせて走る、おいしいパン屋さんやカフェを目的地にする、走っていて気持ちのいいコースを開拓する、といったことなどです。まだ体が慣れないうちから気持ちだけが高まってしまうと、最初はがんばれても、途中で「もうしんどいから嫌だ」と二度とやる気が起こらなくなってしまいます。まずは自分にとって楽なペースで始めて、自然にやる気が高まるまで待ちましょう。

僕もマラソン大会に出るまで3年ほどかかっています。最初のうちは、「今日は寒いからやめよう」というくらいの低い志でもいいのです。途中でランニングをやめても後で「また走ろうかな」と思えるように、軽い気持ちで始めましょう。貯蓄のコツと一緒ですね。一つのことを長続きさせるには無理をしないことが一番なのです。

†早起きには三文以上のトクがある

労働生産性、あるいは知的生産性というものを考えた場合、睡眠時間を削ってまでその作業を続けるべきでしょうか、それとも「今日はここまで」と作業をやめて、眠ってしまったほうがいいのでしょうか。

僕の答えは後者。睡眠時間だけはしっかり確保して、次の日に早朝に起きて対応するようにしています。

僕が若い頃に徹夜で仕事をしていたというエピソードと相反するように聞こえるかもしれませんが、先ほどはあくまで、自分の能力の限界値を引き上げるためにそれくらい仕事にのめり込む時期があった、という意味での話です。いってみれば「特別期間」のようなもので、ずっとそのような状態で働くことをよしとしているのではありません。

納期が翌日に迫っていて徹夜をしないとどうしようもない、ということであれば話は別ですが、仕事が遅れ気味だからとか、もっといいものを作るためだとか、資格の勉強を進めたいからとか、そういう理由であれば夜更かしをせず決まった時間に寝てしまいましょう。そのほうがトータルでの効率は上がります。

時々、「寝ている時間がもったいない」という人がいますが、睡眠には脳を回復させてくれる働きがあります。その機会を奪ってしまうと仕事や勉強の効率が下がるだけでなく、健康が損なわれてしまいます。そして本当に寝ないままでいると、命を落とす危険すらあります。

「でも仕事によっては夜通し作業をしたほうがいいものができるんじゃないの？」

かつては、実際にそういう考え方をする人が多かったかもしれません。でもある出版関係者が言うには、「昔は寝ずにぶっ通し作業し続けたほうがいいものが作れると考えていましたが、今は健康的な生活をベースに作業をしたほうが効率がよく、作品の質もよくなるということに気づいているので、早寝早起きをするようになった」のだそうです。小説家の人からも、寝る間を惜しんで一日中執筆をしているという話はあまり聞きません。朝型の人もいれば夜型の人もいて、自分が集中できる時間帯に一気に書き上げるという話をよく耳にします。

さらに特殊な仕事をしている人の中にも、睡眠を大切にしている人がいます。王貞治さんの胃がん手術の執刀医であり、日本のロボット手術の第一人者である宇山一朗さん（藤田保健衛生大学教授）。ご本人にインタビューをしたライターさんによれば、宇山さんはどんなに長時間の手術でも休憩を一切とらないのだそうです。食事もせずに、補給するのは水分だけ。手術室の無影灯の熱に水分を奪われるからか、トイレにも行きたくならないとか。手術の多くは朝早くに始まって日中には終わっているそうですが、宇山さん自身の最長記録として、48時間の大手術をノンストップで行ったことがあるそうです。

そんな宇山さんも手術前日にはしっかりと睡眠をとっています。手術のある日もない日も午前5時過ぎに起床して支度を整え、9匹の猫に餌をやってから車で勤務先の病院へ。起床から1時間後には医局の椅子に座っているといいます。朝6時台ですから、当然医局では一番乗り。誰もいない時間に書類整理やメールなどの仕事を集中して済ませているそうです。手術以外にも講演や若手指導など多忙を極める外科医が、超人的ともいえる集中力で手術に臨むことができるのは、睡眠をしっかりとって早寝早起きのリズムで生活しているからといえるでしょう。

早起きは三文の得（徳）ということわざがありますが、いろいろな人から話を訊くと、実際にはそれ以上の価値があるように思います。もちろん「三文」というのはたとえに過ぎませんが、早起きにより生み出される価値には、多くの企業が注目しています。

たとえば、大手商社の伊藤忠商事。同社は2013年10月に「朝型勤務制度」を導入しました。この制度は深夜勤務を禁止したうえで、早朝勤務をする従業員に対して、朝5時から8時までの間、深夜勤務同様に割増賃金を支給するというものです。さらに早朝勤務者に対しては朝食サービスまであります。伊藤忠商事のホームページによると、この制度を導入してから3年後、20時以降に退館する人の割合が約30%から約5%まで下がったのに対し、午前8時以前の入館者割合は約20%から約45%に上昇したのだそうです。

東日本大震災の後、省エネという観点からも早朝出勤を奨励する社会的機運が高まり、制度として取り入れている企業、または個人的に実践している人は昔よりも増えているようです。首都圏の平日6時台の電車には、路線によってはもう座れないくらいに人が乗り込んでいるという話も聞きます。

僕自身、経営者になってから朝型に変わりましたが、もっと早くからそうしていてもよかったなと思っています。というのも、朝はとても頭が冴えているので、勉強がとてもはかどるのです。最近は朝食をとりながらの勉強会(ブレックファストミーティング)も増えていて、それに参加することもあります。勉強もできて交流も生まれるので一石二鳥です。通常、始業時間ピッタリに机の前に座っても頭が回転し始めるまで時間がかかりますが、勉強会から一日の活動を開始していれば、トップギアのまま仕事に入れます。仕事の効率も上がって「一石三鳥」になります。

仕事や勉強に集中して取り組みたいという人は、一度夜型から朝型に変えてみることをおすすめします。一日の活動時間帯が早まることで思わぬトクがあるかもしれません。

†海外留学に金銭的なリターンを求めるな

短期の語学留学を含めると、近年、海外留学をする日本人が増えているようです。独立行政法人日本学生支援機構（JASSO）の調査によれば、2016年度の日本人留学生数は9万6641人と、前年度から1万人以上も増えています。この数字はあくまで大学などが把握している数なので、大学側に知らせずに行っている学生を含めればもっと多いでしょう。また学生のみならず、僕のように一旦就職してお金を貯めてから留学する人や、会社の派遣制度を利用して社費で留学する人もいます。留学の実態をすべて把握することは不可能ですが、「昔ほど留学が珍しくなっている」という実感を持つ人は多いのではないでしょうか。

とはいえ、同じアジアの中国人や韓国人ほど積極的に外に出ているわけではない。そんな傾向もあることから、国は2020年までに大学生の留学生数を12万人まで増やす目標を掲げ、2014年からは「トビタテ！留学JAPAN」と銘打った海外留学支援制度をスタートさせています。最大560万円の留学費用が、なんと返済不要で支給されます。もちろん審査に通る必要はありますが、自費で留学した苦労を知る僕としては、羨ましい制度です。これから留学を考えている学生さんは、ウェブサイトで詳細を確認してみるといいかもしれません。

僕が留学したのは2004年からの2年間なので、当時と今とでは事情も変わっていると思いますが、海外留学中に書いていたブログが書籍として出版されたこともあり、このトピックに関してはさまざまな場所で多くの質問を受けてきました。その中でも最も単刀直入な質問が、

「やっぱり海外留学ってしたほうがいいんですか？」

というものです。そこにはいろいろな意味が含まれていると思いますが、質問者が知りたいのは、「その投資に見合う価値があるか」ということでしょう。

海外留学は安くありません。入学金、授業料のほかに、渡航費や滞在費もかかります。国や地域、学校、留学期間にもよりますが、高級車に匹敵する金額が無形のものに消えていくことになります。とくにお金がかかるＭＢＡ（経営学修士）の場合は、2年間通うとしたら1000万円を超えることもザラ。これだけ高額な買い物になると、思いつきでフラッと出かけるわけにもいきません。本当にそれだけの価値があるかを考えるのは当然のことだと思います。

先の質問に対して、僕は決まってこう答えます。

「海外留学はフィットネスクラブに通うようなもの」

フィットネスクラブにはトレーニング器具やプログラム、トレーナーが揃っています。それらをフルに活用すれば体を鍛えられることは、みんな分かっています。でも実際はどうでしょう。しんどいからと負荷をかけずに軽いギアでエアロバイクをこぎ続ける人。会話が面倒だからとトレーナーに相談しない人。仕事が忙しいからと会費だけ払ったままジムに来なくなる人。このような人たちは、いつまで経っても力が付きません。

海外留学も同じで、外国の学校に行くだけでは何の効果もありません。そこで必死に勉強し、外国人の友人をつくり、朝も昼も晩も討論する。そのような経験があって初めて意味を持つようになるのですが、もったいないことに日本人留学生の中には、発言をしない人、日本人同士で固まって他国の留学生と交流を持とうとしない人、授業に出なくなる人もいます。これではフィットネスクラブの会員証を持っているだけの人と同じ。投資に見合ったリターンを得ることは難しいでしょう。

自分一人でトレーニングに取り組めるのであれば、自宅で腕立て伏せをするのでもいいのです。体を鍛えるためのアプローチはいくつもあって、そのうちの一つがフィットネスクラブであるということ。留学をせずとも仕事で学べることはたくさんあるし、オンライン英会話のレッスンを受けて英語を学ぶこともできます。自費留学でアメリカに渡った僕は、一分一秒も無駄にできないという覚悟で授業に臨み、発言も積極的にしましたが、それと同等の経験ができるのであれば留学以外の選択もあったかもしれません。いろいろと検討した結果、当時の僕は留学がベストであると思ったからその決断をしただけのことです。

こうした話を聞いてもなお海外に留学したいという人は、ぜひ行くべきだと思います。ただし、金額の他にもう一つ考えてもらいたいことがあります。留学にかかる時間です。二十歳前後の学生であれば、時間はいくらでもあるのでリスクは小さいかもしれませんが、社会人の場合はキャリアが中断されるというデメリットがあります。たとえば自分が2年間留学している間にも、同じ仕事をしている同年代のライバルたちはさらに社会人経験を積んで成長をしています。社会人が海外留学をするということは、単に英語や知識を身につけるだけでなく、それ以上の何かを手にして帰らないと「行ってよかった」と満足感を得ることは難しいでしょう。「日本で働いていたほうがよかった」ということでは投資としては失敗です。

最近は転職市場でも「留学経験があります」だけでは通用しなくなっています。「帰国後の再就職で年収が上がるから留学費用分の元はすぐに取れるだろう」と見積もっている人がいるとしたら、その計算結果は一度破り捨ててしまったほうがいいかもしれません。海外留学のリターンを金銭面だけで考えていると、大事なものを見失うかもしれないからです。

僕の場合、金銭面でのリターンはある意味ゼロです。再就職をしなかったからです。海外留学から帰ってきて僕が選んだ道は、留学以上にリスクの高い起業です。

「ハーバードでMBAを取ってきたなら大会社への就職も狙えたはず。起業なんて留学しなくてもできたのに、岩瀬はもったいないことをしたものだ」

そう言われたこともあります。実際その通りかもしれません。海外留学をした人が始めた会社だからという理由で、その会社の商品を買う人はいません。ビジネスの世界はMBA取得よりもシビアです。

でも僕の場合、大学院への留学と起業は決して切り離せるものではありませんでした。大学（法学部）では学べなかった経営学を学ぶことができた。日本にいたら知り合うことのないような外国の友人ができて、夜遅くまで語り合うことができた。留学中に書いていたブログを見た投資家から声がかかった。いつでもおいしいご飯にありつけ、ボタン一つ押せば温かい風呂に入れる日本の生活がいかに幸せだったのかということに気づいた。世界と自分を対比させることで、自分は何者なのか、どこに向かっているのか、自分自身について考える時間を持つことができた。

そういった金銭価値を超えたリターンは、間違いなく経営者としての僕のバックボーンになっています。もう一つ付け加えておくと、ハーバード大学経営大学院を卒業した仲間たちは起業をするのが当たり前の流れなので、「給料の高い仕事に再就職しないのはもったいない」という考えがもともとないのです。「留学をして今よりもいい給料のもらえる仕事に就こう」と考えている人は、その投資が失敗に終わる可能性もあるので注意してください。海外留学のリターンの多くは、金銭以外の価値で還元されるものなのです。

「同期飲み」と「社外飲み」、どっちを優先すべきか

第1章で紹介したFPの栗本大介さんと僕は、あることで考えが一致しました。それは、社内の人間関係構築にお金を使うよりも、社外の人脈作りにお金を使うべきだということです。

「人脈というのはもちろん社内ではなく、社外の人脈です。会社の枠を越えた人付き合いは社会人として勉強になりますし、その交流は転職や独立をした後も続きますので」

栗本さんはこうおっしゃっていましたが、僕も若手ビジネスパーソン向けのセミナーなどでよく同じことを言っています。栗本さんも僕も、転職を経験しているから同じ考えに至っているのかもしれません。転職が珍しいものではなくなっている昨今は、似た考えを持つ人も増えているでしょう。

もちろん成果をあげるために、チームの仲間とコミュニケーションを深めることは大切です。しかし社内の人間関係は基本的に仕事の時間内において構築すべきで、可能であれば終業後のプライベートな時間は仕事であまり接することのない社外の人と交流すべきだと思うのです。

同じ会社の人間とばかり付き合いを濃くしていくと、その業界、その会社の常識の中でしか物事を考えられなくなってしまいます。また会社の飲み会は、ややもすれば上司や同僚に対するうわさ話や会社に対する愚痴のオンパレードになりがちです。社内ゴシップにいくら詳しくなっても、自分の市場価値にプラスになることはありません。ストレスを発散するためだといっても、ほどほどにしておくべきです。同じ時間とお金を使うのであれば、もっと投資効果の高いことに費やしたほうがいいでしょう。

他の会社の人と接点を持つようになると、これまでの自分の視点では見えなかった世界が見えてきます。同じ業界の人なら、自分に有益となる情報を教えてくれるかもしれません。自分とは異なる業界や業種の悩みを聞いているうちに、そこから何かのヒントを得ることもあるでしょう。自分と同じ、あるいは自分よりも高い目標を持っている人から刺激を受けることだってあります。

栗本さんのおっしゃるように、社外の人間関係は、自分がもし今の会社を辞めたとしても続きます。それは一生モノの資産になるに違いありません。

育児に参加しないパパは「時代遅れ」になる？

この章の冒頭でも触れたように、女性が出産後も働き続けるためには夫の協力が不可欠です。最近は「イクメン」という言葉も定着しているため、男性の育児参加が進んでいるかのような印象も受けますが、それはどうも「気のせい」。まだまだ男性の育児や家事への参加は進んでいないようです。

ベネッセ総合教育研究所が２００５年、09年、14年に、０歳から６歳（就学前）の子どもを持つ父親を対象に行った「乳幼児の父親についての調査」によると、「家事・育児に今まで以上に関わりたい」と答えた父親は、05年47・9％、09年54・2％、14年58・2％と、9年間で10ポイント以上、増加しています。一見よい傾向に思えますが、これはあくまで「関わりたい」と思っている人が増えているというだけです。実態としては、「男性の育児参加はむしろ後退しているのではないか」と思える結果も出ています。

同調査によると、父親がかかわっている家事・育児として、「子どもを叱ったり、ほめたりする」「子どもをお風呂に入れる」「子どもと一緒に室内で遊ぶ」「子どもが病気のとき、面倒を見る」の数字は調査するごとに下がっています。どうやら理想と現実は、どんどんかけ離れてしまっているようです。

男性の「育児不参加」は日本だけのことなのか。それとも世界共通の課題なのか。

売れっ子のお笑い芸人として、そして本名のジェイソン・デイヴィッド・ダニエルソン名義でIT企業の役員や投資家としても活躍する厚切りジェイソンさんは、3人の娘さんを持つ父親でもあります。多忙なスケジュールの合間を縫って、娘さんたちと公園やショッピングに出掛けることがジェイソンさんの楽しみで、ブログにも親子で楽しそうに過ごす様子がたびたびアップされています。そんなジェイソンさんいわく、日本の男性は10

0年も遅れているのだとか……。

「日本人の考え方はアメリカの100年前の考え方。アメリカだと夫婦で家事を平等に分けるのは当たり前。僕のお父さんの世代でも家事をやっていたくらいだから」

ジェイソンさんが肌で感じていることは、データにも表れていました。内閣府の調査によると、日本人の男性が家事に費やす時間は、一日平均で1時間7分。これには育児の時間も含まれています。一方、ジェイソンさんの母国、アメリカは2時間58分。3倍近い時間です。ドイツ、イギリス、フランスといった国でも2時間30分以上となっていて、スウェーデンに至っては3時間21分にもなります。

このようなデータに対して、「日本人男性は労働時間が長いから仕方ない」といった指摘があるかもしれません。しかしたくさん働いてたくさん稼ぐということが、必ずしも家族の幸せを最大化するとは限りません。自分で仕事量をセーブできるのであれば、親子で一緒に時間を増やしたほうが子どもは間違いなくハッピーですし、大人だってその幸福感を仕事に還元することが可能です。

個人事業主の人は、それがしやすい人たちだといえます。次の章でも登場していただく公認会計士で作家の山田真哉さんは、自営業ながらに「育児休業宣言」をし、2年ほど仕事を減らしていた時期があるそうです。家事や育児に慣れていなかった山田さんは、奥さんに怒られることが増えてストレスが溜まることもあったそうですが、会計士として学ぶことも多かったといいます。

「主婦の方と育児の話ができるようになったのは大きいですね。育児体験そのものには価値があると思いました。それと自分の生活費は切り詰められても、子どもに掛かるお金はなかなか削れないということを思い知りました。子どもが生まれる前は、「金を貯めるためなら女房、子どもを泣かしてでも切り詰めろ」というイメージがありましたが、オムツも食べ物も買わないわけにはいかない。育休中は収入が激減したので、家計としてはなかなか厳しかったです」

山田さんのような特別な売れっ子でないと自営業者の育児休業は成り立たないのかもしれませんが、働きながら育児をするフリーランスの方は少なくありません。フリーライターの知人は、子どもが生まれてから「自分の時間が取りづらくなった」と嘆きますが、収入としては子どもが生まれる前よりも上がっているのだとか。彼が担当しているのは、「食器洗い」と「子どもを風呂に入れること」。しかし奥さんからは「あれやって」「これやって」という指示が次々に飛んできます。そんな時は「そんなにできるか！」と文句を言って喧嘩になることもあるそうですが、最近はなるべく黙ってイレギュラーなタスクもこなすといいます。「そのほうが結果的に仕事に集中できるから」なのだとか。家事や育児を一つこなすと、頭の中がリフレッシュされて仕事がはかどるそうです。

こうした自営業者に比べ、時間の自由がきかないという、会社員ならではのハンデがあります。

そういう方は、会社の制度をフル活用して育児の時間を増やすしかありません。会社によっては「男が育児休暇なんて取れるわけがない」こともあるでしょうが、最近は男性の育児参加を支援する会社も現れています。

「earth music&ecology（アースミュージック＆エコロジー）」などのアパレルブランドで知られるストライプインターナショナルの創業社長、石川康晴さんは、「イクメン休暇」なる社内制度を設けました。これは10歳以下の子どもがいる男性社員に対して、月に一度、半ば強制的に休暇を取らせる制度です。公休扱いなので給料も出ますが、パパ社員はその日、家事や育児をしないといけません。奥さんの「確認書」の提出が義務付けられているので、それをサボってゴルフの打ちっぱなしに出掛けるなんてことは不可能です。

石川さんがこのような制度を取り入れたのは、男性社員の育児への理解を促進するためでした。ストライプインターナショナルには他にも、出産前の12週前から休める「マタニティ支援休暇制度」（法的に定められた産前休暇は6週前から）、出産後の女性が一日4、5時間の勤務時間でも正社員として働き続けることのできる「キッズ時短制度」などを設けています。せっかくこれらの制度を用意しても、男性社員の理解がないと女性社員が利用を躊躇してしまうため、男性向けの休暇も用意したのです。

福利厚生を充実させれば、その分会社の負担は大きくなります。普通に考えれば、一日4時間しか勤務しない人を正社員として雇用し続けることは難しいでしょう。しかしストライプインターナショナルの場合、短時間勤務の社員のほうが時間あたりのパフォーマンスが高いことが分かり、会社としても制度を後押しする方向に加速したのだそうです。

多くの女性が「こういう会社で働きたい！」と思えるくらい、うらやましい制度でしょう。今働いている会社にこのような制度がない人も、会社に提案できるチャンスがあれば「こういう成長企業がある」と紹介してみてはどうでしょう。ストライプインターナショナルは、2017年4月にグループ全体で500人を超える新卒社員を迎え入れました。今、最も勢いがある会社の取り組みを聞いて何も感じない経営者はいないと思います。「4時間正社員」のような制度はある程度の規模がないと難しいかもしれませんが、男性社員に育児休暇を与える制度や、出産前後の休みを増やす制度、在宅勤務を推進する制度などは、比較的規模が小さな会社でも導入は可能でしょう。

ライフネット生命でも、社員が妊娠した際には5日間の特別休暇を付与していて、妊婦さんたちの体調管理に活用してもらっています。また、2016年に「ライフサポート休暇」という特別有給休暇制度を設けました。そのメニューとして現在、社員本人の病気療養や家族の看護に使える「ナイチンゲール休暇」、不妊治療の通院などを目的とした「エフ休暇」などを用意していますが、今後はさらに育児をサポートするような制度の導入にチャレンジしてみたいです。

これまでは、育児で仕事を休むことのデメリットばかりが強調されてきました。しかし育児を通じて学ぶことはたくさんあります。そのメリットを活かした新しい働き方とキャリアプランを、個人も企業も考えなくてはならない時代なのかもしれません。

第3章 子育て世代に役立つお金の話

未婚・晩婚化が進むこの時代。独身の方が結婚しない理由は何なのか。ちょっとおせっかいな話かもしれませんが、そのことに関して内閣府から調査報告書が出ているので、その一部を紹介しましょう。

内閣府の「平成26年度「結婚・家族形成に関する意識調査」報告書」によると、20代、30代の未婚者の「現在結婚していない理由」（複数回答可）の1位は男女とも、「適当な相手にめぐり合わないから」（男性53・5％、女性55・1％）でした。どちらも過半数を超えています。

2位と3位は、男女で異なる結果が出ました。女性の2位が「自由や気楽さを失いたくないから」（25・6％）、3位が「まだ若すぎるから」（22・5％）だったのに対し、男性は2位が「結婚後の生活資金が足りないと思うから」（35・2％）で、3位が「自由や気楽さを失いたくないから」（29・1％）と、男性のほうがお金のことを心配する傾向が見られます。

そして、調査対象の未婚者を「恋人あり」でフィルターをかけると、その人たち（調査対象者全体の3分の1）の結婚していない理由の1位は、「結婚後の生活資金が足りないと思うから」（31・2％）でした。相手がいるのに、お金への不安で結婚に踏み切れない人が相当数いるようです。

昔のように給料が年々確実に上がっていくわけでもない。今いる会社が10年後、存続している保証もない。自分一人が生きていくだけでも大変なのに、他人の人生まで背負うことなんてできない。子どもの教育費には1人当たり1000万円以上かかると言われている。そんなお金、用意できるわけがない。

そんな状況を憂うほど、「自分には結婚は無理かな」という気持ちになるのは仕方のないことだと思います。

しかし結婚は、本当にお金がないとできないものなのでしょうか。子どもは、お金がないと育たないのでしょうか。

本章では、結婚や育児に関わるお金への不安を拭いきれない方に、「お金がなくても結婚はできる、子育てもできる」とおっしゃる専門家の方のお話を紹介しましょう。

†「お金がないと結婚できない」は早まった考えか

いま時点で、「お金がなくて結婚できない」と心配されている方、あるいは「お金がないのでパートナー探しも難しいだろうと思っている」という方は、FPの花輪陽子さんのお話から勇気をもらえるかもしれません。というのも花輪さんは、2009年に「夫婦の貯蓄ゼロ」という状態で結婚をしているからです。花輪さんは独身時代の自分を「貯まらん女だった」と呼ぶように、給料が入ればすぐに大好きなショッピングでお金を使ってしまっていたそうです。借金もまだ残っている状態から始まった新婚生活は、ゼロどころかマイナスからのスタートでした。

なかったのはお金だけではありません。花輪さんご夫妻は、結婚前年のリーマンショックの煽りを受けて、夫婦ともに職も失っていたのです。

普通ならどん底ともいえるところで結婚をした花輪さんですが、その後、生まれ変わったかのように「貯まる女」になったといいます。花輪さんの意識を変えたのは、ある一冊の本でした。

「スージー・オーマンというアメリカのカリスマFPが書いた『幸せになれる人バカな人生を送る人のお金の法則』(エレファントパブリッシング)という本に出会って、世界がひっくり返りました。本のタイトルにある「バカな人生を送る人」が、まさにそれまでの私だったのです。この本を読んでからというもの、私はお金に関する書籍をとにかく読み漁りました。お金の勉強をしながら、独身時代の借金も返しました。たくさん本を読んで、お金の知識をつけていったのがよかったんだと思います」

お金はどれだけあっても使えばなくなってしまう。でも知識は使えば使うほど、また新たに知識が増えていく。そのことに気づいた花輪さんは、ファイナンシャル・プランナーという新しい仕事までも見つけたのです。

お金がないからといって「結婚できない」と結論付けるのは早まった考えなのかもしれません。きちんとしたお金の知識さえあれば、決してたくさんのお金がなくても結婚はできる。花輪さんの例がそれを物語っていますし、実際にあなたの周りにも、そんなに余裕があるわけでもなさそうなのに何とかやっているという人はいるかと思います。

では「お金がないと結婚は無理だ」という不安はどこから来ているのでしょうか。花輪さんは、誤った情報に流されないことが大切だと言います。

「メディアが結婚生活の費用面ばかりを強調するので、経済的に余裕がないと結婚できないのではないかと思い込んでしまっている人は多くいます。たとえば「子どもの大学卒業までに1000万円かかる」と言われたら、「子どもは諦めるしかないか」となりかねません。が、そういうことは実際に子どもが生まれてから考えても遅くありません。結婚して夫婦で暮らすことで、本当は減らせる支出もあるということがあまり伝わっていません」

夫婦で減らせる支出。言われてみるとたくさんあります。これまで一人で払っていた家賃、光熱費、食費などは、二人で暮らせば節約できます。携帯電話も家族割サービスなどで安くなりますし、電化製品や家具なども二人で一つあれば済みます。プラスの面を考えていくと、不安だった気持ちも少しはポジティブに向かいそうです。

†結婚に必要な貯蓄はいくらか

花輪さんの話を聞いて「確かに貯蓄ゼロからの結婚も可能かもしれないが、同じことをすればさすがに不安がある」という方もいるでしょう。もちろん花輪さんも、ご自身が体験したことを推奨しているわけではありません。ＦＰとしては、結婚資金として必要な貯蓄額はいくらだと言っているのでしょうか。

「１００万円から２００万円あればいいと思います。各社のアンケート調査でもそのあたりの金額が最低ラインであることが多いようです。「結婚式を挙げようとすれば１００万円じゃ足りないだろう」と思う人もいるかもしれませんが、式の規模や形式は自分たちで調整できますし、最近は格安で式を挙げられるサービスも増えています。個々の事情にもよりますが、費用を親に負担してもらったり、ご祝儀で費用を賄ったりということも可能です」

平日夜のナイトウェディングや、あえて真夏や真冬、仏滅など人気のない日に式を挙げれば、費用は確実に抑えられます。大安や季節にこだわる人は昔ほど多くはないでしょう。また、招待状を自分で作る、式場でない場所を借りて自分たちでデコレーションする、といった「手作り婚」をする人も増えているようで、費用が抑えられるうえ、ゲストを温かい気持ちにさせることができます。

「ゼクシィ結婚トレンド調査2016」によると、結婚費用のための夫婦の貯蓄総額で最も多かった金額帯は「100万円以上~200万円未満」(22・4%)でした。住んでいる地域や職業によっても価値基準は異なるので一概にはいえませんが、夫婦で100万円あれば経済的理由で結婚を躊躇する必要はなさそうです。

結婚のためにいくら必要かという問いに正解はありませんが、選択肢が増え、自分たちの経済力に合った結婚式をしやすい時代になっているということは言えそうです。

†財布の管理方法が夫婦の円満度を決める?

既婚者同士でよく交わされる話題の一つに、「財布(銀行口座)の管理はどうしている?」というものがあります。どこの家も独自のルールがあって面白いのですが、花輪さんによると、夫婦間の財布の管理方法は大きく次の3つに分類できるそうです。

・「こづかい制」……夫婦のどちらかが財布を管理する。管理者でないほうは、管理者から毎月決まった額のこづかいをもらう。
・「家事費制」……夫婦のどちらかが、家計管理者に毎月の家事費（食費や生活用品費、こづかいなど）を渡す。
・「別会計制」……夫婦それぞれが自分で財布を管理する。

どれを選ぶかは夫婦の好みでよいそうですが、この選択一つで夫婦の円満度が変わるというので、今まさに結婚を考えているという人、お金のことで配偶者とギクシャクしてしまいがちだという人は、ぜひ参考にしてみてください。

一つずつ見てみましょう。

まずはこづかい制。日本では、この管理方法をとる夫婦が一番多いそうです。よくあるケースは、夫が妻に給料をすべて渡し、家計を管理する妻からこづかいを支給してもらうというもの。この管理方法の長所は、こづかいが固定費となるのでお金の管理がしやすく、お金が貯まりやすいという点です。こづかい制では無駄遣いはできません。

一方、こづかい制のデメリットは、こづかいをもらう側の不満がたまりやすいことです。月に3万円のこづかいだとすると、ランチ代だけで半分近く消えてしまいます。仕事が終わって家にまっすぐ帰るだけなら残り1万5000円で何とかやりくりできそうなものですが、お金のかかる趣味を持っている人や、同僚と飲みに行くことが多い人は「足りない」と感じるはずです。時には思いつきの買い物をしたくなることもあるでしょうし、家族のために自分を犠牲にできる人でないとなかなか難しいかもしれません。

続いて家事費制。たとえば手取り30万円の夫が妻に毎月10万円の家事費を渡しているとします。妻はその中で生活に必要な日用品や食材を買い揃えます。その月の生活費が8万円なら妻のこづかいは2万円。がんばって生活費を6万円まで切り詰めれば、こづかいは倍の4万円に増えます。自分の努力がそのままこづかいという形に表れるので、妻は毎日の買い物で特売日を狙ったり、買い物のポイントを貯めたりして出来る限りの節約をしようとするでしょう。一方夫は、妻への10万円分を差し引いた20万円で家のローンや家賃、保険などの固定費を支払います。その上で余ったお金を、将来のための貯蓄や自分のこづかいに回していくことになります。

この場合、家族の将来は夫にかかっています。先ほどのこづかい制にも言えることですが、財布の紐を握る側がパートナーに内緒で不正をしようと思えば、簡単にできてしまいます。相手にはギリギリの生活を強いておきながら、自分はちょっとおしゃれなフレンチレストランでランチを楽しんだり、高級ブランド品を買ったり、あるいはパチンコや競馬などのギャンブルにつぎ込んだりということも可能です。当然、そんなことでは将来への備えができないので、家計にも透明性が不可欠です。子どもの進学時や家族の病気の時などに「お金がない!」ということになっては困りますし、何より大切な夫婦の信頼関係を損なってしまいます。逆に互いのチェック機能が働いていれば、家事費制はこづかい制よりは今の生活に支障なくお金を貯めていくことができるでしょう。

最後の別会計制は、日本ではまだまだ少ないようですが、欧米では主流なのだそうです。家賃や光熱費など共通にかかる生活費は夫婦で負担し合い、残ったお金はそれぞれ自由に使っていいというやり方。共働きでどちらにも収入がある夫婦は、このやり方を選んでいることが多いかもしれません。別会計制のメリットは、互いの不満が出にくいこと。ただし、お金を自由に使えるぶん、お金が貯まりにくいというデメリットがあります。

これら3つの管理方法を「お金が貯まりやすい順」に並べると、こづかい制、家事費制、別会計制となります。

どれがベストかは夫婦によるでしょう。共働きで夫婦二人のハピネスを最大化するなら、それぞれが自由にお金を使える別会計制がよいかもしれません。あるいは子どもの将来のためにお金を貯めておくことが家族のハピネスを最大化するのであれば、我慢は必要ですがこづかい制が一番よいでしょう。

ただ、必ずしもこれら3つの方法に縛られる必要はありません。花輪さんは、「どの方法を選ぶにしても、ガチガチに縛るのではなくて、それぞれのいいところをミックスさせながらちょっと変形させるといい」ともおっしゃっています。たとえば家計の共有口座をつくり、そこにそれぞれ家事費を入れて家計を管理する共働き夫婦も増えているそうです。また、どちらか片方の口座を貯蓄用、もう片方の口座を引き落とし用とする「分担制」をしく夫婦も。この場合は、浪費家タイプの口座を引き落とし用にすると、出費が抑制される効果もあるようです。

結局どんな方法を採用しても、一長一短があります。将来どういうことにお金がかかるのか、自分たちがどういうライフスタイルで生きていきたいのかといったことを、夫婦間でよく話し合いながら最適な管理方法を模索していくのがよいでしょう。

†費用もかかるがそればかりではない出産と育児

子どもの数は減少の一途をたどっています。総務省の統計によると、15歳未満の子どもの数は、2017年4月1日時点で1571万人。前年からは17万人も減っていて、これで1982年から36年連続の減少になるのだそうです。「最近は外で遊んでいる子どもをあまり見かけなくなった」という実感を持つ人も多いと思いますが、僕が子どもだった頃（1985年時点では2604万人）よりも1000万人も減っているのですから当然のことかもしれません。

子どもの数が減っている要因として挙げられるのは、ここでもお金でしょう。本章の冒頭で取り上げた内閣府の調査でも、現在結婚していない理由としてお金の問題が大きなウエイトを占めていました。

結婚だけならお金がなくても可能ですが、そこに出産や育児が入ってくると話が変わってきます。出産費用、育児費用、そして成人するまで1000万円以上ともいわれる膨大な教育資金が必要になります。花輪さんは「子どもが生まれてから考えても遅くない」とのことでしたが、いつどのような支出が発生するか、大まかには押さえておきたいところです。

まず、出産にはどの程度のお金がかかるのでしょうか。

ベネッセコーポレーションの「たまひよｎｅｔ」が２７８人の母親を対象にアンケートを実施したところ、妊婦健診費の平均自己負担額は５万８０００円。人によっては検査の回数も多くなるでしょうから、それよりも少し多めの準備はしておいたほうがいいかもしれません。自治体の助成金もあるので、お住まいの自治体のホームページなどをよくチェックしておきましょう。

分娩入院費は40万円前後と大きな金額がかかります。でもこの点においての心配は無用です。出産育児一時金が給付されるので、実質的負担は数万円で済むようです。手続きが必要になるので、それだけはきちんとするようにしましょう。

出産までにかかる費用は、後から給付として戻ってくることを考えれば、そこまで大きな負担でもなさそうです。ただし、それも人によって大きく変わってきます。先ほどの花輪陽子さんは、出産時に帝王切開となったため、１泊数万円の個室代がかかったといいます。

「身体への負担も大きいので、私はここは節約できませんでした。帝王切開での出産費用に約70万円、差額ベッド代に約30万円かかりましたが、出産育児一時金や高額療養費などで戻ってくるお金もあったので、実質的な自己負担は30万円くらいでした」

地方から都会に出てきている人は、地元に帰って里帰り出産をするか、都市部の病院で出産をするかの選択にも迫られます。この場合も負担額に差が出るようです。花輪さんによれば、都内のほうが高い傾向にあるとのこと。東京と地方とでは、出産前後の生活費の差もあります。「出産ギリギリまで働きたい」と希望していた花輪さんのように、費用がかかっても今住んでいる場所の近くで出産したいという人もいるでしょう。

出産後もお金がかかります。先ほどの「たまひよｎｅｔ」のアンケートによると、マタニティ用品やベビー用品にかかる金額が平均13万円。洋服やベッド、ベビーカーなど、このあたりもお金はかかってきますが、「せっかくだから」といいものばかりを買おうとすると、出費は際限なく膨らんでいきます。ベビーカーも乳児向けのものは2万円程度のものから10万円クラスのブランド品まであります。親友同士の見栄の張り合いに巻き込まれると、高いものを買うことになりそうです。

ただ、レンタルで支出をおさえる方法もあります。子どもの成長にあわせてベビーベッドやベビーカーを変えられるので便利です。また、最近は中古品の売買も盛んなので、新品にこだわらなければ工夫次第で支出はおさえられます。

他にもまだまだあります。風呂に入る人間が一人増えるので水道代もかかるようになるし、赤ちゃんのために最適な空調管理をしようとすれば光熱費もこれまで以上にかかってくるでしょう。ミルク代、おむつ代。歩くようになれば、靴のサイズはどんどん変わるので大人よりお金がかかるかもしれません。一人増えることによる生活費の増加はその後も続くことなので、出ていくお金にはこれまで以上に注意して見ておくべきでしょう。

新たに発生する交際費、通信費、趣味費も無視できないようです。ママ友同士の情報交換ではスマートフォンが必須。交流の機会が増えれば増えるほど、飲食代や趣味費などもかさんでいくでしょう。

しかし先ほどの格安挙式のように、自分たちに必要でないものを削ることにより、出費を抑えられるサービスが年々増えています。

車を所有すると、駐車場代や税金、保険料などがかかるほか、故障すればその都度修理代が必要になります。しかしカーシェアサービスを利用すればそうした出費はかかりません。「所有する喜び」は得られませんが、「必要な時に使えればそれでいい」という人には便利なサービスです。

スマートフォンを制限なく使いたいという人の中には、月額使用料が1万円を超えている人もいるでしょうが、最近は携帯各社が格安プランを用意しています。それを選択した上で、データ制限のないWi-Fi接続をうまく利用することにより、通信料を大幅に減らすこともできます。

ネット生保も、テクノロジーを最大限活用し運営経費を抑えることで、その分皆さんに安価な保険料で提供しています。ライフネット生命は「子育て世代の保険料を安くして、安心して赤ちゃんを産んでほしい」という願いを込めて創業した生命保険会社なので、子育て世代の人にはぜひ検討してもらいたいところです。

いいものを揃えたくなるベビー用品も、すべてブランド品である必要はないと思います。確かにブランド品は、素材や作りがしっかりしているのが見た目にも分かるし、何といっても安心です。ただ、高いものだからといって機能が大きく変わるものではないし、低価格でも品質のいいものはたくさんあります。何より優先すべきは、ブランド名より赤ちゃんとの相性でしょう。

出費が増えるといっても、「自分たちに必要なものは何か」と考えることで家計への負担を減らすことは十分可能です。また、お金がかかること自体をマイナスに捉える必要もありません。家族が増えることの喜びはそれに勝るということは、先輩パパ、先輩ママたちが感じていることでもあるのです。

教育費はかけ始めたらきりがない

自分の子どもには少しでもよい教育を受けさせたいと思うのが親心。普段は財布の紐がかたくても、かわいさあまりに教育費だけはついどんぶり勘定になってしまう人も少なくないのではないでしょうか？　これもきちんと上限を決めておかないと、どんどん膨らんでしまうばかりです。

一般的にはよく「1000万円以上かかる」といわれますが、20年で割ると年間50万円、月々4万円です。夫婦共働きでしたら1人あたり月々2万円です。文部科学省発表の「平成28年度子供の学習費調査」によれば、幼稚園（3歳）から高校卒業までの15年間、公立だけに通った場合の学習費総額は約540万円になります。これには授業料だけでなく、塾や習い事など学校外でかかる費用も含まれています。そこに大学4年間の授業料や仕送り費などを合わせると、「1000万円」というのはざっくり言っているようで結構当たっているように思えます。

公立一筋でも1000万円となると、私立に通った場合はどうなるのか、計算が恐ろしいところです。

幼稚園から高校卒業まで、私立だけに通った場合の学習費総額は1770万円。この時点ですでに、公立一筋で大学まで卒業するよりも遥かにお金がかかっています。大学も私立に通えば、大学・学部によって差はありますが2500万円ほどまで膨らむでしょう。世帯収入が平均的な家庭には、ほとんど不可能とさえ思える金額です。

この結果をみて「うちは公立しか行かせられないのか」と悲観的になる必要はないと思います。学習環境など、私立には私立のよさがありますが、公立にも公立のよさがあります。私立は裕福な家庭の子どもが多く、親の職業も限られてきますが、公立にはいろいろな職業の親を持つ子どもが集まります。それだけ多様性があり、社会を広く知る大事な機会にもなっているのです。

僕自身も小中学校は公立でした。高校だけは私立に行きましたが、「公立だから劣っている」とは思いません。もちろん個別の学校によるところも大きいですが。

ただ、公立でも塾などに通わせるとその分の費用が発生します。この金額は年々膨らんでいるようなので、家計支出の中で大きくなりすぎていないか、注意が必要です。先ほどの文科省の調査によると、学校以外でかかる費用に関しても全体的には私立のほうが高い傾向はあるものの、中学校に限っては公立のほうがかかるという逆転現象が起こっています。塾代をかければかけるほど成績が上がるわけではないので、本当にそれが子どもにとって必要なのかは熟考すべきでしょう。塾はあくまで学校での学びを補強する場所です。本番は学校の授業であって、そのための予習や復習を繰り返すことで理解が深まります。

†幼いわが子に英語教育は必要か

2020年度から、英語教育の小学3年生からの必修化、小学5年生からの教科化がスタートします。「必修化」と「教科化」の違いが分かりにくいところですが、前者が「必ず教えなければならないが成績は付かない」のに対し、後者は国語や算数と同じように成績が付きます。いずれにせよ、英語教育の低年齢化がこれからの日本でも加速化していくことは間違いなさそうです。

この動きに合わせて、さらに下の世代の教育にも変化が現れ始めています。最近は幼稚園や保育園でも、英語教育を実施しているところが珍しくありません。それよりもっと早い段階、まだ言葉もしゃべれない赤ちゃんのうちから英語を聞かせる親御さんもいます。民間企業も積極的に幼児への英語教育事業に乗り出しているので、「うちの子も英語をさせなきゃ！」と焦ってしまう気持ちはよく分かります。

でも僕は、「本当に小さい頃から英語を学ぶ必要があるの？」と前々から疑問を感じていました。日本人の英語能力は確かに問題がありますが、幼児ともなるとさすがに行き過ぎではないかと思うのです。

僕は小学2年から6年まで、父親の仕事の関係でイギリスに住んでいました。そのおかげで日本の中学、高校での英語のテストはいわばボーナスステージのようなものでした。中学時代の英語教師からすると、ちょっと生意気な生徒だったかもしれません。僕はネイティブの英語で育ったので、「ディス・イズ・ア・ペン」というジャパニーズイングリッシュが何を言っているのか分からず、先生の発音にダメ出しをすることもあったのです。おかげでテストの点は取れても、授業態度に難ありということで通知表では5をもらえませんでした。

僕にとっての英語とは、学校で教わるものではなく、必要に迫られて覚えるものでした。イギリスでは公立の小学校に通っていたので、同級生たちはみな現地の子どもたち。日本人は僕一人しかいませんでした。教科書も授業も英語で進んでいきますし、友達とコミュニケーションを取るのも英語。クラスの輪の中に入っていくには、英語というツールが絶対に必要だったのです。

ネイティブの英語で学んでから日本の中学校で英語教育を受けた僕の印象としては、それ自体が目的化しているような気がしてなりません。勉強のための勉強をしているので、いざ日常会話やビジネスで使おうとしても英語が出てこない。英語はあくまでツールであって、それを使えるかどうかが大事なのに、日本人が気にしていることといえば、文法が間違っていないかとか、そういったことばかりです。本当は多少おかしかったり文法が間違っていたりしても、相手には十分伝わります。大事なのは、「相手と意思疎通できているか」ということです。

そのために最低限必要な英語力としては、中学3年生までに習う文法や単語だけでも十分だと思います。あとは実践あるのみ。日本人に足りないのは英語に触れるリアルな体験です。それがないから、英語で話しかけられても何を言っているのか分からない、どう返せばいいのか分からないのです。リーディングが得意な人は多いので、絶対的に勉強量が足りないわけではありません。

僕の学生時代からの友人に、小林りんさんという社会起業家がいます。軽井沢にある日本初の全寮制国際高校、ユナイテッド・ワールド・カレッジISAKジャパンの代表理事を務めている彼女は、以前はフィリピンで国連児童基金（UNICEF）の仕事をしていました。さらにその前は、外資系企業に勤めていることもありました。常に英語を必要とする仕事をしてきたことが、その職歴からも分かります。

ところがりんさんは僕と違い、もともと英語ができない生徒でした。中学1年生の時の英語の成績は、5段階評価で2だったとか。それなのになぜ、りんさんが海外でもバリバリ働くことができたのかというと、英語を使わざるを得ない環境に身を置いたからです。彼女は日本の高校を中退して、全額奨学金をもらってカナダのインターナショナルスクールに単身留学しました。僕が小学生時代に必要にかられて英語を覚えたように、彼女もまた必要だから英語を覚えられたのです。

先ほど、「本当に小さい頃から英語を学ぶ必要があるの?」と僕自身の疑問を提示したのは、りんさんの例を知っていたからです。彼女は帰国子女の僕よりもきれいに英語を話します。「小さいうちにネイティブの英語に慣れさせないと上達しなくなる」と思っている方も多いかもしれませんが、りんさんのように高校から本物の英語に触れても決して遅くはありません。僕の周りにはそれよりも遅く、大学で初めて海外に行って、英語が使えるようになって帰ってきた知り合いが何人もいます。

極端なことをいえば、英語教育がゼロでも英語はしゃべれるようになります。数年前、カンボジアのアンコール・ワットを訪れた時に案内をしてくれた現地の男性ガイドが、来日をしたこともないというのに日本語を流ちょうにしゃべっていたうえ、日本の歌謡曲やテレビドラマについても詳しかったので驚きました。日本人を案内できるガイドは収入がいいのでしょう。彼の身の上話を聞いたわけではありませんが、きっと自分や自分の家族の生活のために日本語を覚えたのだろうな、と思いました。

必要に迫られれば外国語は使えるようになるものです。幼児教育を否定しているわけではありませんが、英語のことだけを考えれば、本人がその気になった時に海外に留学させたほうがよっぽど有益だと思います。周囲の親御さんが子どもに英語教育を受けさせているからといって決して焦らず、自分たちはその分の費用を、将来の留学費用としてプールしておくつもりでドンと構えておきましょう。

幼児教育も答えがないことなので、何をさせればいいかという悩みは尽きないと思います。「ネイティブの発音に近づける」「これをするとＩＱが高まる」といったことを言われると飛びつきたくなるかもしれませんが、動物園に行くとか、絵本を読むとか、遊具で遊ぶとか、そういったことのほうが、子どもの心と体の成長には欠かせないのではないでしょうか。

†最高のマネー教育は駄菓子屋体験？

百円玉を握りしめて駄菓子屋にお菓子を買いに行った記憶、あなたにもあるのではないでしょうか。大人からすれば財布の中にあってもなくても分からないような小銭でも、子どもはその百円で駄菓子屋に着くまでにいろいろな想像をします。

さて、今日は何を買おうか。ガムも欲しいしキャンディーも欲しい。ラスクもいいなあ。5円チョコも外せない。くじも引いてみたいけど、今日はちょっと無理かなぁ――。

子どもが大きくなってくると、子どもに対してどのようにお金の使い方を教えていくかという新たな課題も発生します。大人である私たち自身、必ずしも十分な金融教育を受けてこなかったので、いったいどうすればいいのか悩んでしまうところです。

でもそんなに難しく考える必要はなさそうです。

実は、子どもの頃に経験していた「駄菓子屋でのお買い物」こそが金融教育の機会だったのだと、第1章でも登場してもらったFPの栗本大介さんは言います。

「百円玉を握りしめて駄菓子屋に出掛け、何を買おうかと悩む体験は、金銭感覚を身につける貴重な体験になっています。というのも近年、お金というものが必ずしも目に見えるものではなくなってきているからです。たとえば電車に乗る時にも、券売機で切符を買う人よりも、SuicaやICOCA、PASMOなどの交通系ICカードを使用している人のほうが多いでしょう。電子マネーとも呼ばれるそれらはコンビニの買い物にも使えますし、極端な話、それだけ持っていれば現金を1円も使わずとも一日を過ごすことだって可能です。当たり前になったネットショッピングでも現金は必要ありません。クレジットカード情報の登録さえすればスマホだけで簡単に決済ができてしまう。最近の学生を見ていると、現金で支払う体験が減っているからか、「これにはいくらかかる」という金銭感覚がズレている学生が多いような気がします」

子どもが自分のこづかいで駄菓子屋で買い物をする時、予算内でどう駄菓子を組み合わせていくか、頭をフル回転させて計算をしています。大人よりも自由に使えるお金が少ない分、それはそれは真剣なものです。その経験が大人になってからの金銭感覚につながると栗本さんはおっしゃっているわけですが、確かに大人になってからのお金の使い方は、駄菓子屋の延長線上にあるのかもしれません。ひと月分の給料でどのようにやりくりしていくか。これは今月買うべきか。こっちを買ったらあっちは買えない。金額の違いこそあれ、駄菓子屋での思考とそう大きく変わるものではありません。

電子マネーを使う際や、ネットショッピングを利用する際には、手持ちのお金がいくらあるのかということを考える必要がありません。「買えて当たり前」という感覚で、あるいは全くの無意識のうちに支払いが完了します。もはや金銭感覚を必要としない行為ともいえるでしょう。

最近は、Ａｍａｚｏｎから「Amazon Dash Button」（アマゾンダッシュボタン）なるものまで登場しています。これは洗剤やトイレットペーパーなどの日用品が切れそうになった時に、ボタンを押すだけで注文が完了してしまうという買い物専用の小型端末。消費者は注文の画面を見ることさえありません。かろうじてバーチャルの中に残っていた決済の儀式まで、省略してしまっているのです。

欧米では日本よりも遥かにキャッシュレス化が進んでいて、現金を持ち歩かない人も珍しくありません。この後に紹介するクラウド会計ソフト「ｆｒｅｅｅ」の創業社長、佐々木大輔さんは、一橋大学の派遣留学生としてスウェーデンのストックホルム経済大学に在籍していた際、現地のセブンイレブンで現金を使う人がほとんどいなかったことに衝撃を受けたといいます。ちょっとした日用品の買い物でもクレジットカード払い。紙幣を持ち歩かずに小銭をポケットにジャラジャラと入れている程度なので、財布は名刺入れサイズのものを使っている人が多かったようです。しかもそれが最近の話ではなく、15年ほど前の出来事です。

欧米に比べたらまだまだ現金主義である日本も、今後はさらにキャッシュレス化が進んでいくでしょう。わざわざ券売機で切符を買わなくて済む。お店に行かなくても家で注文できてしまう。小銭で財布がパンパンにならない。一度その便利さを知ってしまえば、もう後戻りはできません。

その便利さとは引き換えに、失われるものもあります。その一つが、現金のやり取りを通して培われる金銭感覚。キャッシュレス化が進む時代だからこそ、一度立ち止まって自分や自分の子どもの金銭感覚が麻痺していないか、意識的に再確認する必要がありそうです。

昔のようにどこの町にも駄菓子屋のある時代ではなくなりましたが、すべて消えてしまったわけではなく、ショッピングモールなどに駄菓子屋が出店していることもあります。

懐かしさに足を止めてしまうこともあるでしょう。縁日の出店でも現金を使います。そういった場所に子どもと一緒に出かけると、子どもは大人が思っているよりもいろいろなことを考え、多くを学ぶかもしれません。

†子どもにはどこまでお金の話をすべきか――家族の前で年収発表会

金融教育に対しては、必ずしも賛成の声ばかりではありません。「子どもにお金の話をするのはよくない」と考える人は少なからずいるようです。

FPの栗本大介さんは、ある中学校の臨時講師に呼ばれた際に、こんな宿題を出したそうです。

「親がどんな生命保険に入っているか、調べてきてください」

お子さんをお持ちの方は想像してみてください。学校でこのような宿題を出されて、自分が子どもにどのような対応をするか、を。選択肢は3つ考えられます。

① 一切教えない（そもそもわからないから教えられない）。
② 保険の種類だけを教える。

③　毎月の保険料、保障内容まで丁寧に教える。

個人がどの保険に入っているかは、とてもプライベートな情報です。宿題とはいえ、教えたくない人は①を選ぶでしょう。「まあ、保険の種類くらいならいいか」という人は②。特に抵抗がない人は③を選ぶと思います。

実際その中学校の父兄の反応はどうだったかというと、まさに人それぞれだったようです。子どもに保険証券のコピーを持参させる親もいれば、「お前はそんなこと知らんでいい！」と怒鳴った親もいたとか。

家庭によってここまで意識の差が出るのはなぜか。

それはまだ、日本では子どもの前でお金の話をすることがタブー視されているからではないでしょうか。どんな保険に入っているか、年収がいくらあるか、ローンがあといくら残っているか、貯蓄がいくらあるか。こうしたことを開けっぴろげに話す親のほうが珍しいと思います。

でも海外では、子どもの前でお金の話をする国も少なくありません。

ハーバード時代の同級生だったブラジル系ユダヤ人は、子どもの頃から「お金を3つに分けろ」と教わったといいます。

たとえば300万円の現金があったとしたら、100万円分をドルに換金し、さらに100万円分をポンドに換金する。残りは日本円のまま。こうすることで、お金をそれぞれ異なる3つの形で持つことができます。お金以外の形に変える分散方法もあります。株を買う、国債を買う、金《きん》を買う、不動産を買う、自動車を買う、家を買う、といったように、お金以外の資産に変えることでもお金を分けることができるのです。

このユダヤ人はここからさらに、「3つに分けたら、それを3つに分けろ」と教わったそうです。資産の3分の1を株に当てたなら、1つの株だけを買うのではなく3つの株を買う。不動産であれば地域を3つに分ける。現金であれば3つの口座に分ける。家や自動車は分けられませんが、可能な限り分けていけば、自然に理想的なアセット・アロケーション（資産配分）になっているというわけです。

こうしたことを教えるのも立派な金融教育です。ユダヤ人はよくお金儲けが上手といわれますが、子どもの頃からアセット・アロケーションの基本的な概念を叩きこまれているのだから、当然といえば当然かもしれません。日本人は家庭内でお金の話をあまりしませんが、お金というのは一生付き合うものなので、本来であればしっかり教えておくべきことだと思います。

ちなみに栗本さんもかなりユニークな「家庭内金融教育」をしていらっしゃるようです。当時の栗本さんはフリーランスのため、年ごとの収入の変動が激しく、ある年、前年比6割減ということがあったそうです。それは家族にとってどういうことなのか。「毎年ディズニーランドに行くのは当たり前のこと」と思っている小さな子どもたちには、簡単には理解できません。

そこで栗本さんは、「今年はなぜ行けないのか」ということを分かってもらうべく、家のテレビにパソコンをつなげ、パワーポイントで自分の収入がこれだけ下がったということを説明したのだそうです。家族会議というより、「家族の経営説明会」といったところでしょうか。

「今年は収入がこれだけあって、支出がこれだけあった。そして来年はこれだけ使えます」

子どもですから、全部は理解できなかったでしょう。それでも「大変なんだな」ということは分かってくれたようで、子どもたちは旅行に行けないことに納得し、自分たちも節約をすると言い出したのだそうです。

こうしたことをしっかり説明しておくことで、子どもは自分の塾や習い事、お菓子代やおもちゃ代にいくらかかっているのか、それが家計の中でどれだけの割合を占めているのかということを意識するようになるでしょう。コスト意識も自然に芽生え、「欲しいものがあるから、これは我慢しよう」と優先順位を付けたり、「塾に通うのにもお金がかかっているから集中しよう」と考えたりすると思います。

†入る前に知っておきたい「保険の原則」

いろいろなプロフェッショナルの方にお金のことを教えていただきましたが、ここからは僕が先生役となって、本業である生命保険の話をします。

新社会人になったタイミングで保険に入らなかった人でも、結婚して家族が増えると保険に対する意識も変わってきます。自分の身にもしものことがあっても、家族を路頭に迷わせるわけにはいかない。そのような責任感から、お子さんが生まれたことをきっかけに生命保険に加入する人は多くいます。

とはいえ、保険会社はたくさんあるし、保険の種類もさまざまです。見比べることが多すぎて自分で決めるのはなかなか難しいのではないか、と思うかもしれませんが、これから挙げる「保険に入る際の原則」さえ分かっていれば、保険を選ぶときに迷うことも少なくなると思います。「まだ保険は考えていない」という人も、いつか保険に入ろうかと考えたときに、「そういえばあの本に何か載っていたな」と思い出して、この項目を読み返してみてください。

†保険は家族に説明できるシンプルなものに

まず、保険の賢い選び方に入る前に、大切な一般論をお話しします。

Simple is beautiful。十分にシンプルなものは美しく、説明も必要としません。小さな子どもや年配の方が分厚いマニュアルを参照することなくiPhoneなどのデバイスを使いこなしている姿をみると、そのように思うものです。シンプルに設計されていれば利用者は直感的に理解し、使いこなせるはずです。

「生命保険はむずかしい」。一般的にはそう思われがちですが、実はそんなことはありません。たとえば自動車保険は「事故にあったら損失額が支払われる」というものであり、「自分にぴったり合った自動車保険をオーダーメイドで提案してほしい」とわざわざ相談する人はそれほどいないと思います。

生命保険も同じです。生命保険は本来的には「保険の対象者が病気や事故などで亡くなった際に、あらかじめ決められた金額が残されたご家族に支払われる」というだけのものです。それ以上でも、それ以下でもありません。生命保険が分かりにくくなっているのは、多くの場合、このシンプルな死亡保障に、お金が積み立てられていく貯蓄性の要素や、各種医療保障など、複雑なオプション機能がつけられているからです。そういった意味では、商品が複雑で分かりにくくなっているのは、生命保険会社の責任と言えるでしょう。

ライフネット生命は「生命保険はむずかしい、そう言われる時代は、もう、終わりにさせたい」という言葉を創業時に掲げ、商品設計から申し込み、請求までの一連の手続きについて極力シンプルで分かりやすいことを目指しています。

保険という商品はとても高い買い物です。人によっては、住宅に次ぐ大きな買い物になるかもしれません。ですので、一つの保険を契約する際にも、複数の商品を並べて、保険料や保障内容をじっくりと見比べる必要があります。

大事なのは、「家族に説明ができること」です。その保険はどういう保障がついているのか、なぜその保険が必要なのか、毎月の保険料はいくらか、支払われる保険金はいくらか、他の類似商品もある中でなぜそれを選んだのか。そういったことを自分の家族に説明できない保険には入るべきではありません。

自分が大ケガをして動けない時、亡くなった場合などに保険金の支払い手続きをするのは家族です。自分の保険は家族のためでもあります。だからこそ、どういうときに、どのような保険金や給付金が支払われるのかを、自分の言葉で大切な人に説明できるシンプルで分かりやすい保険に加入すべきなのです。

余談ですが、こんな話があります。世界一の投資家として知られる米バークシャー・ハサウェイ社のウォーレン・バフェット氏は、決して複雑な金融商品に手を出すことはなく、毎年発行される企業の年次報告書だけを読み込んで長期の株式投資を行い、60年以上をかけて世界第2位ともいわれる巨額の富を築きました。金融のプロ中のプロがシンプルな商品しか選ばずに大きなリターンを得ているのです。自分で理解できる、シンプルで分かりやすいもののみを選択する。保険選びにも通じるところがあるのではないでしょうか。

†死亡保険はコストパフォーマンスで選ぶ

ここからは具体的な保険の選び方について触れていきます。

保険の対象となる人が亡くなった場合に、遺されたご家族にまとまった額の保険金が支払われるのが「死亡保険」です。生命保険の中核商品であり、「1年目のパパ」である読者の皆さんがまず加入すべき保険と言えるでしょう。古くはローマ時代にも、皆で少しずつお金を出し合って、戦争で親を亡くした遺児にお金を配る仕組みがあったそうです。専業主婦のご家庭では、一家の大黒柱であるご主人が病気や事故などで亡くなったときに、遺されたご家族の生活費やお子さんの教育費に備えることを目的として加入します。

数年前のことですが、しばらく会っていなかった同年代の友人が亡くなりました。お線香をあげにご自宅に伺った際に、彼が生命保険に入っていなかったことを奥様から知らされました。不幸中の幸いだったのは、この1年前に社宅から引っ越してマイホームを購入されていたことです。住宅ローンを組む際に必須となる「団体信用生命保険」のおかげで、住居は確保できていたというわけです。さらにキャリアウーマンとしての経歴がある奥様を彼の勤務先であった大企業が雇ってくれたことで、生活費も何とか工面できそうとのことでしたが、いずれにせよ、僕は彼に小さいお嬢さんがいることを知っていて、なぜ生命保険の加入をもっと強く促さなかったのだろうかと、深く後悔しました。生命保険の仕事に携わるものの使命として、必ずしも自社の商品でなくともよいので、必要な保障をきちんと確保することの啓蒙、啓発は、引き続きやっていかなければならないと痛感しました。

さて、死亡保険にはどれくらいの保障を用意すべきか。必要となる金額は、家族構成や世帯を支える方の年収などによって異なりますが、2000〜3000万円を一つの目安にするとよいと思います。「年収×3年分」に、お子さんがいる場合は「教育費を上乗せ」するというイメージです。お子さん1人あたりの平均的な教育費は公立だと1000万円、私立だと2000万円という調査結果も参考になるかもしれません。あとは遺されたご家族が働きに出て生計を立てられるか、いざというときにご両親が健在で頼ることができるか、貯蓄や資産がどれくらいあるか、そして家計でどの程度保険料が負担できるかの見合いで決定すればよいと思います。綿密なシミュレーションをこれみよがしに見せる営業職員の方々もいるようですが、この手の話にはひとつの正解があるわけではないので、精緻に試算する必要はないと思います。心配であれば少し多めに加入し、現状の生活を重視したいのであれば必要最小限にとどめればよいのです。

必要保障額の精緻なシミュレーションよりも大切なのは、むしろコストパフォーマンスの良い保険を選ぶことではないでしょうか。たとえば、対面の営業職員経由で3000万円の死亡保険に入るのと同じ保険料で、割安な通販経由で5000万円の保障を確保できるかもしれません（数字はあくまでイメージです）。

ここで強くお伝えしたいことは、シンプルな掛け捨て型の死亡保険について言えば、保険会社の間で実質的な品質の差はさほど存在しない、ということです。保険の対象者が亡くなったら、あらかじめ決まった保険金が銀行に振り込まれる。それだけのことです。にもかかわらず保険会社ごとで保険料に差が出るのは、保険会社の人件費や宣伝費、事務所費用など、保険会社の運営経費に相当する手数料分が、皆さんが支払う毎月の保険料に含まれているからです。

ライフネット生命は、ウェブサイトがお店であり、営業職員もいないため、これらのコストを削減してその分安価な保険料で提供できていますが、読者の皆さんにはこの仕組みを覚えておいていただけると、今後保険を検討するタイミングが来たときに良い選択ができると思います。

†公的な医療保険「国民皆保険制度」

続いては、自分のための保険です。自分が病気やケガをした場合の備えとして加入するのが「医療保険」ですが、皆さんはすでに手厚い医療保険に加入していることをご存じでしょうか。

日本の医療保険制度は「国民皆保険制度」といって、すべての国民が何らかの公的医療保険に加入することになっています。会社勤めの人は、給与明細を見たときに「健康保険」という名目でそれが天引きされているのが確認できるでしょう。自営業者や失業中の人などは、自治体から送られてくる「国民健康保険税」の納税通知書にしたがって保険料を支払っているはずです。形は違えど、私たちは皆、毎月決して安くない保険料を支払っています。ただそのおかげで、病院などでかかる医療費は、3割の自己負担で済んでいます（後期高齢者は1割）。また入院や手術で医療費が高額になった場合でも、「高額療養費制度」により医療費の自己負担額には上限が設定されています。収入などにもよりますが、上限はおおよそ月9万円弱になります。まずはこのことを理解しておくとよいと思います。

もっとも、近年は高額所得者の自己負担限度額が引き上げられていることには注意を要します。たとえば、医療費が100万円かかった場合の月額自己負担の上限は、平均的な所得水準（年収約370万円から約770万円）の方であれば9万円弱ですが、年収が約770万円から約1160万円の方は約17万円、約1160万円以上の方は25万円強となります。民間の医療保険は、十分な備えがある人には保険は必要ないというのが一般論ですが、高所得者の社会保障負担が増えていく大きな流れを考えると、額面上の所得が高い人の方が民間医療保険の必要性が増すとも考えられます。

✝見落としがちな、病気やケガで長期間働けなくなるリスク

では、民間の医療保険で備える理由はどこにあるのでしょうか。このヒントは、病気やケガを「軽度」と「重度」に分けて考えるという点にあります。たとえば軽度の病気やケガであれば、入院期間も短く済み、10万円程度の貯蓄があれば対応できるかもしれません。実際には入院中の食事代や個室を利用した際の差額ベッド代などでもお金がかかるため、民間の医療保険に入っておくことで備えられるものもありますが、「民間の医療保険に入っていないからものすごく困る」という人は必ずしも多くはないかもしれません。

一方で、重度の病気にかかってしまった場合はどうでしょうか。仮に、大病により寝たきりになってしまい、長期間働けなくなった場合のことを想像してみてください。長期にわたって療養が必要になると、長引く治療費だけでなく、収入がなくなってしまうリスクが発生します。住宅ローン、お子さまの教育費、日々の生活費などの出費は続きますが、この出費をすべて貯蓄でまかなえる人は世の中にどれだけいるでしょうか。

このような病気やケガで長期間働けなくなるリスクに備える保険として、昨今、生命保

険会社がこぞって提供を始めたのが「就業不能保険」です。まだ日本では馴染みが薄い保険商品ですが、実は欧米では「ディサビリティ」という名で広く一般的に普及している保険なのです。この就業不能保険は、病気やケガで長期間の入院や在宅療養をせざるをえない場合に、所定の金額を毎月お給料のように受け取ることができる保険です。長期療養で職を失ったり、仕事を休まざるを得ない状況というものは、あまり考えたくはないものですが、「パパ1年目」の皆さんには必要不可欠な保険のひとつだと言えるでしょう。

†低金利時代に、保険で貯蓄はもったいない

生命保険には「積立型」と「掛け捨て型」の2つのタイプがあります。

積立型は解約時に、それまでに支払った保険料に応じて保険金が支払われます。保障と同時に貯蓄機能を併せ持った保険ともいえますが、毎月支払う保険料は高くなります。

一方の掛け捨て型は、毎月の保険料は安いものの、解約時や満期になってもそれまでに支払った保険料が返ってくることはありません。何もなければ払いっぱなしで終わるので損をしていると感じる人もいますが、保険とはそもそもそういうものです。

ではなぜ、貯蓄機能を併せ持つ積立型の保険があるのかというと、生命保険と貯蓄がセ

ットになっているというだけのことです。貯蓄の苦手な人にとっては、強制的にお金が貯まっていくメリットがありますが、貯蓄が得意な人には、保険と貯蓄を分けて準備するという選択肢も出てきます。

高金利時代であれば、積立型の保険を考慮する余地が十分ありますが、今のような超低金利時代ではデメリットのほうが目立ってしまいます。この場合のデメリットとは、自分のお金が長期にわたり低金利状態で塩漬けされてしまうことです。また、途中で解約するとペナルティや高い手数料を負担しなければならず、「元本割れ」してしまう恐れもあります。

低金利であるうちは保険と貯蓄を別にしておいて、高金利になったら積立型の保険商品を検討してみるのもひとつの手です。保障という点だけで見れば、貯蓄型よりも掛け捨て型のほうが優れています。自分にとって、強制的にお金を貯めてくれるメリットと、塩漬けにしてしまう長期契約のデメリットのどちらが大きいか。比較しながら検討をしましょう。

†子どものための「学資保険」も分解すれば保険と貯蓄

子どもが生まれたら、将来の教育費を準備するために「学資保険」に入ることを検討する人も多いでしょう。早い人だと、生まれる前から契約しているかもしれません。

学資保険とは毎月一定額を積み立てておき、高校や大学入学時などにまとめて給付金が支払われる保険商品です。もしも支払い期間中に契約者である親が亡くなったり高度障害状態になったりした場合には、残りの支払いは免除されます。その場合も、保険金はすべての保険料が支払われたものとして支給されるので、未払い部分は生命保険の機能を備えているといえます。また、考えたくないことですが、もしも保障期間中に子どもが亡くなった場合は、死亡保険金が支払われます。

先ほどのおさらいになりますが、学資保険も死亡保障と貯蓄を組み合わせた商品です。学資保険に入る人の多くは、保障部分よりも「後から戻ってくる」貯蓄性に魅力を感じているることでしょう。しかもただ戻ってくるのではなく、増えて戻ってくるのですから。親の年齢や支払い期間などの条件次第では返戻率《へんれいりつ》が110%を超えるものもあります。つまり10%増えて戻ってくる。金利が変わらないとしたら、今の普通預金や定期預金で預けるよりもずっと有利な条件です。「学資保険に入らないほうが損だ」とさえ思うかもしれませんが、学資保険にもメリットとデメリットがあることに注意してください。

最大のデメリットは、満期までがとても長いということです。子どもが0歳時に、受取額200万円の学資保険に入ったとしましょう。支払総額は180万円とします。返戻率は111%で、20万円も得したことになりますが、20年の間に物価や金利も変わります。同じ20万円でも、契約時点と満期時点でその価値が同じとは限りません。

20年近くの間に、自分自身の生活が大きく変わることも考えられます。2人目、3人目の子どもが生まれるかもしれません。会社の業績不振による減給やリストラの可能性だってあります。高齢になった親と同居するために地元に戻るという選択をする人もいるでしょう。人生の大きな節目ではまとまったお金が必要になるものですが、そのときに手元にお金がなく、「学資保険を解約するしかない」となった場合は、これまで払ってきた額より少ない金額しか戻ってこないこともあります。

契約時の親子の年齢にも注意してください。契約時の年齢が高くなれば、保険料も高くなります。条件次第では返戻率が100%を割ってしまうことも。これでは貯蓄のメリットはなくなります。きちんと見積もりを確認してから契約をしましょう。

一方、学資保険のメリットは、強制積み立てなので貯蓄が苦手な人でもまとまった教育資金を貯められる点にあります。また、株式投資や外国為替取引よりも不確定要素が少ないといえます。ポートフォリオの一つとして資産に組み込めば、より安定した教育資金の積み立てが可能になるでしょう。

†保険加入は「必要な期間に、必要な分だけ」

パソコンや家電製品、自動車など何でもそうですが、基本機能以外のオプション機能を付けていくと、値段がどんどん高くなります。確かにどれも便利なものばかりで「この機能はよさそうだな」と心を動かされますが、実際に購入してみると、後から「必ずしも必要ではなかった」と気づくこともしばしばあるものです。

保険も同じで、保障内容を手厚くしたり、特約という名のオプションを付けていくと保険料も高くなっていきます。それによって保険の中身が複雑になることもあります。特約を付けていくと、自分がもともと求めていたものからはかけ離れて、内容も複雑になるので注意が必要です。

よくよく調べてみると、他に入っている保険と中身が重複することもあります。たとえば、家族特約を付けてみたが、実はその家族も別の医療保険に入っていた場合など。特約が増えれば増えるほど安心が得られるという人もいるかもしれませんが、同時にそれらの内容を把握し、管理する手間も増えてしまいます。また、「保険に入らなくても公的保障で実は足りていた」というケースもあります。最近では子どもの医療費を無料にする自治体が増えていますが、そういう地域に住んでいる人は、自分の子どもに医療保険をかける必要はないでしょう。

保険の営業職員と対面で契約内容を詰めていく際に、「月々あと○千円足せばこんな時でも安心です」と特約をすすめられることもあると思いますが、ちょっとした額だと思っても積もれば大金。保険は毎月支払いがあるという意味で電気代や水道代に似ているので、保険は「必要な期間に、必要な分だけ」という原則を忘れず、出費を少しでも抑えるように心がけましょう。

†長期契約は見直しながら柔軟に考える

長期契約の保険などは、中途解約をすると損をする場合もあります。でもだからといって、同じ保険の契約に縛られ続ける必要はありません。定期的に保障内容を見直して、他によい保険があれば契約し直すという柔軟性も必要です。

10年、20年と生きていれば、自分の周囲の環境も、自分自身の価値観も大きく変わります。契約時には必要だと思っていた保障がそうではなくなったり、逆にこれまで不要だった保障が必要になることもあります。新しい保険が発売されて、今の保険よりも有利な条件で契約できることもあるでしょう。

†最強の保険は「貯蓄」だった

ここまで保険の基礎知識について述べてきましたが、世の中に数多くある保険の中から「最強の保険」を選ぶとしたら、それは貯蓄だと思います。

前章で、貯蓄とは「選択肢を与えてくれるもの」という立川志の春さんの言葉を紹介しました。それと似たような解釈になるかもしれませんが、貯蓄というのは万能な保険でもあるのです。

なぜか。私たちは日常のリスクに備えるために保険に入っていますが、そのリスクに耐えられるだけの貯蓄があれば、わざわざ保険会社に高い手数料を払ってまで保険に入る必要はなくなります。あらゆる病気や事故、災害、教育資金や生活資金の不足に対応できるのも貯蓄のメリットです。貯蓄を引き出すのに、理由は問われません。家具が壊れたので修理したい、電化製品が故障したので買い替えたいといった時でも、自分の好きなだけお金をおろすことができます。

保険というのは、現時点で十分な貯蓄がない人が、貯蓄と公的保険を補うためにあるものです。逆にいえば、お金持ちの人は個人向けの保険に入る意味があまりありません。自分の貯蓄が今いくらあるか。その貯蓄でカバーできないリスクは何かと考えながら、自分に合った保険を選びましょう。

†なぜすべての大人が「会計」を知るべきなのか

「せめて自分の会社の財務諸表くらいは読めないといけないよ」

社会人になると、どこかのタイミングで誰かからそんなことを言われます。経営者でもなければ経理担当者でもない。会計の知識なんかなくても仕事に支障はないのに、なぜそんなことを言われないといけないのか。最初は不思議に思うことでしょう。

しかし会計の知識というのは、やはりすべての大人が知っておくべきことなのだな、という思いを、第2章でも紹介した公認会計士の山田真哉さんとの対談を通じて再認識しました。すべての大人というのは、育児に奔走中の方たちももちろん含まれます。会社勤めの人だけでなく、専業主婦・主夫の人も含めたすべての人にとって、知っておかなければならないことです。

では、会計の仕事に直接関係のない人が会計を知っておくことのメリットとは何なのでしょうか。

山田さんは公認会計士であると同時に、ベストセラー『さおだけ屋はなぜ潰れないのか？』（光文社新書）などの著書で知られる作家です。ドラマの監修などもされていました。そんな山田さんに「なぜすべての大人が会計を知っておくべきなのか」という質問をしてみました。すると、思いもよらず壮大な答えが返ってきました。

「会計のことを分かっていないというのは、資本主義とは何たるかを知らないに等しいことです。だから会計のことを知っているメリットというより、会計のことを知らないデメリットのほうが非常に大きいということを、まずは認識しておいたほうがいいでしょうね。多くの人は、資本主義があって、その中に会計の簿記があると考えがちです。でも実はその逆で、簿記の延長線上に資本主義があるのです。マルクスが『資本論』を書く前に勉強をしていたのも簿記で、エンゲルスに一生懸命、簿記のことを聞いていたと言われています」

会計を知っていれば、自分の会社の経営状況が分かります。また、取引先が財務諸表を公開している企業なら、その会社の経営状況を確認することもできます。自分の会社は大丈夫か。取引先と健全な取り引きができそうか。そういったことを知るための重要な参考材料になります。転職活動中の人などは、その会社に長く勤められるかどうかの判断にも使えるでしょう。家計簿をつける程度なら専門的な会計知識は不要ですが、基礎知識があればより正確な分析を行えます。

ただ、メリットはあくまで限定的なもの。いくつか挙げていくうちに尽きてしまいます。しかし山田さんの話を聞いたうえでデメリットを考えると、それはほとんど無限ともいえます。自分が生活している資本主義社会のことを「何も分かっていない」と言われているわけですから。

資本主義があったから複式簿記が生まれたのではなく、複式簿記があったから資本主義が生まれたという視点も、さすが会計士ならではと思いました。山田さんは、「経済学で使われる「所得＝消費＋投資」の式は、複式簿記の「資産＝負債＋資本」のパロディなんです」ともおっしゃっていました。

経済学から世の中を見るか、会計学から世の中を見るかで、その景色はまるで変わってきます。かつて、元ライブドア社長の堀江貴文さんが「世の中に金で買えないものなんて、あるわけがない」と発言したとして波紋を呼びました。堀江さんご本人はその後、「取材した新聞社が付けたタイトル」と発言を否定しましたが、山田さんはその時、レオン・バッティスタ・アルベルティというルネサンス初期の建築家がそれと同じことを言っていたのを思い出したそうです。何でもその頃に複式簿記が発明されたのだとか。それ以前の世界にも貨幣はあったものの、まだ物々交換が主流。複式簿記の発明によって貨幣経済が始まり、だいたいのものがお金で買える時代、ちょっと言い方は悪くなりますが「お金で何でも買える時代」になったというわけです。

僕はこの話をこう解釈しました。

貨幣経済の規模が小さく物々交換が主流の世界では、キャッシュフロー（どこから収入があり、どこに支払ったかというお金の流れ）だけを追っていればよかった。ところが時系列でお金を管理するキャッシュフローだけでは、お金の貸し借りまでは表現できない。そこで、時空の壁を越えてお金の貸し借りを帳簿に残すことのできるバランスシート（貸借対照表）が発明され、貨幣経済が膨張する土台になったのではないか、と。

つまり会計というものが、その発明以前からこの世の中にあったお金を管理する技術として発明されたという仮説です。

山田さんはこうもおっしゃいます。

「会計は社会を映し出す鏡です。環境や安全がなぜ、21世紀になって騒がれるようになったのか。それはこれまで、環境や安全が簿記に載っていなかったからです。人間は数値化されて初めて動くので、簿記に載らないものを軽視してしまいます。簿記にあるからお金や土地を大事にする。簿記にないから環境や安全を軽視する。現代社会のあらゆる問題は、「そこにないものは軽視する」という会計のデメリットがそのまま現れたものがほとんどだと思います」

ここまで聞いて僕は思わず、少し極端ではないかと思って「会計原理主義者みたいですね」と言ってしまいましたが、「なるほどな」と思える点がいくつもありました。

待機児童の問題も「家庭」や「育児」が会計の勘定科目にあれば一気に解決するかもしれない。原発の問題も、「安全」が勘定科目にあれば状況は違っていたかもしれない。大気汚染や水質汚染の問題も、「環境」が勘定科目にあれば世界中のみんなが動き出すかもしれない。温室効果ガスの排出量取引などは、その一歩手前まで来ている話なのでしょう。

会計の問題が世の中のさまざまな問題に波及するとなると、山田さんが指摘するように「知らないことのデメリット」の大きさは計り知れません。逆にいえば、誰もが会計に興味を持つことで、世の中はよりよい方向に向かっていくとも考えられます。会社の経営状況を知るためだけに会計があるのではない。世の中のさまざまな問題に気づき、それを解決するために会計があると考えれば、すべての大人が身につけるべき教養といえるのかもしれません。

✝会計を知りたければ世界地図を広げよ

では、会計を勉強するには何から手をつけたらいいのでしょう。

多くの人の先入観として、「会計は覚えることがたくさんあって難しい」という苦手意識があるのではないでしょうか。将来の独立を見据えて、あるいはいずれ会計に関わる仕事に就くために、会計（簿記）の勉強をした人の中には、途中で挫折してしまった人もいると思います。

実は僕も初めて会計を学んだ時はなかなか理解できませんでした。勘定科目の一つ一つの意味は理解できるのですが、それがいったいどういうものなのか、頭の中でイメージを描けなかったのです。

たとえば「棚卸資産」。一般的には在庫ともいいますが、僕の場合、本を読んで言葉のができないからです。実際に工場に行ってみて、「なるほど、在庫はこうやって管理されているのか」ということを自分の目で見て確かめて、そこでようやく理解した気になれます。そのため、他にも山ほどある勘定科目すべてを理解することなど、自分には到底無理だろうと思っていました。

会計の勉強を途中で挫折した方も、似たような経験がありませんか？　簿記というものは実感しにくいもの。実際に商売を始めて自分で簿記を付けてみないと、何と何が関連しているのか「つながり」が見えてきません。

いったいどうすれば、会計への苦手意識を克服できるのか。先ほどの山田真哉さんは、意外な勉強法をすすめてくださいました。

「まずは世界地図を広げてみて、それをじっくりと眺めてみてください」

なぜ会計の勉強で世界地図を？　誰もがそう思うでしょう。僕も思いました。山田さんが異色の勉強法をすすめる理由はこうです。

「世界地図を眺めていると、各国の位置関係が分かると思います。最近は海外のニュースが増えていますが、意外と皆さん、その国がどこにあるのか、どんな国に囲まれているのかを知らないんですよね。ニュースと地図を照らし合わせて、「日本からこれだけ離れた国でこんなことが起こっているのか」というふうに見ていくと、関連性を見つけながら理解を深めることができます」

たとえばトルコという国からは、大きなニュースがたびたび伝わってきます。2016年のイスタンブールのアタチュルク国際空港での自爆テロ事件や、軍の一部が起こしたクーデター未遂事件などは記憶に新しいところ。トルコ戦闘機がロシアの戦闘機を撃墜して両国の関係が悪化したかと思えば、さほど時間も置かずに首脳同士が和解して急接近するなど、情勢は目まぐるしく変化しています。また長期的には、EU加盟問題や難民問題なども抱えています。近年では大統領による独裁的な政治が問題になっています。

なぜトルコで、複雑な国際問題が発生しやすいのか。それを知るのに役立つのが世界地図です。

日本から1万1000キロ離れたトルコは、「東西文明の十字路」として歴史的にも重要な役割を果たしてきました。地図の左（西）にヨーロッパ。右（東）にアジア。そして上（北）には大国ロシア。下（南）にはアラビア半島があります。トルコはそれぞれの地域から人やモノ、文化、宗教が流入しやすい地域であるのと同時に、軋轢が生まれやすい地域でもあることが地図上から想像できます。ヒッタイト帝国、ローマ帝国、オスマン帝国など、地域の支配者がたびたび入れ替わってきたこともそれを証明しています。

このように、位置関係を意識しながら日々のニュースに接していると、次第に見え方が立体的になってきます。会計の世界を見る時も、そのような見方をすることが大切です。会計も国際ニュースも、「関連性を見つけることで理解が深まる」という点で共通しています。財務諸表に載っている勘定科目の中から一つだけ数字を抜き取って見たところで、何かが分かるということはありません。その数字は他の項目の数字と必ず連動していて、そのつながりを追っていくうちに、ようやくその企業の経営状況が見えてくるものなのです。

実際に山田さんは、これから会計を学ぶ学生にも、世界地図を見ることを推奨しているそうです。ある大学で「家計簿をつけましょう」という課題を出したところ、家計簿そのものを知らない学生が多かったため、ハードルを下げたのです。最近は家計簿をつける家庭が減っているために、致し方ないことかもしれません。

恐らく多くの学生は、会計の勉強をする際にまず言葉を覚えることから始めると思います。しかしそればかりを一生懸命やっていても、かつての僕のように画が浮かばずに苦労してしまうでしょう。勘定科目の一つひとつを詰め込んで、名称を全部覚えたところで理解は深まりません。それよりも、どことどこがつながっているのか、線で見ていくことが大切です。財務諸表をツールとして使い慣れていくうちに、経営や経済の実体が見えてくるようになり、そのうち重要なものから自然に名称も覚えてしまうでしょう。会計の勉強で一度挫折してしまった人、これから勉強をしてみようという人は、国際ニュースを見ながら「世界地図を広げる」という習慣を身につけてみてはいかがでしょう。

†クラウド会計ソフト「ｆｒｅｅ」創業者が語る会計の定義

山田さんとは違う視点からの会計の話をもう一つ。クラウド会計ソフト「ｆｒｅｅ」の創業者であり社長の、佐々木大輔さんのお話を紹介しましょう。

佐々木さんと僕は名前が同じというだけでなく、同じ高校のＯＢという縁があります。僕が先輩ですが、学年が離れているので高校生時代は面識がありませんでした。最初にお会いしたのは、２０１３年にＩＶＳ（Infinity Ventures Summit）というインターネット業界の経営者を集めた大型会議でのことです。この時は佐々木さんのほうから僕に声を掛けてくれました。

その少し前、佐々木さんは大仕事をやってのけていました。ＩＶＳの目玉イベントである「Launch Pad」（ローンチパッド）という新サービスのプレゼン大会で、見事に優勝を果たしたのです。

すでに当時から数千人規模のユーザーがいたｆｒｅｅｅは、今や80万以上のユーザーに使われるほどに成長しています。クラウド会計ソフトで堂々のシェアナンバーワンです。

このソフトが多くの人から支持されたのは、会計知識がなくても自動で帳簿を作ってくれるという特長があるからです。いったいどこまで自動なのか気になるところですが、使用している銀行口座やクレジットカードの情報を事前に登録しておけば、あとは何もしなくても、ｆｒｅｅｅがカードの支払い情報を取りに行って帳簿ができてしまうというから驚きです。法人だけでなく、個人事業主の人の青色申告もこのソフトでできてしまいます。

今のところ僕は使う機会がないので実際の使い勝手は分かりませんが、ユーザー数の爆発的増加が利便性の高さを証明しているといえそうです。ライフネットジャーナルオンラインの取材をよく手伝ってもらっているライターやカメラマン（ともにフリーランス）もたまたまｆｒｅｅｅユーザーで、「ｆｒｅｅｅのおかげで確定申告がすごく楽になった」と言っていました。

自動会計ソフトの話をしていると、「じゃあやっぱり会計の知識ってなくてもいいんじゃないの?」と思われるかもしれません。でも会計知識がなくても帳簿作成ができるからといって、会計の重要性までが失われるわけではありません。佐々木さんが取り組んでいるのは、会計に関わる「作業」をとことん減らすことです。「会計を使いこなす」ことと、「会計ソフトを使いこなす」ことは全く別次元の話なので注意してください。財務諸表からさまざまなことを読み解くことができるのに会計ソフトが使えない、会計ソフトを使いこなせるのに財務諸表を深く読み込めないということは、珍しくないようです。

実はｆｒｅｅｅの誕生も、佐々木さん自身の体験がきっかけとなっていました。佐々木さんは学生時代に簿記を勉強していたこともあって、「会計知識は人並み以上はあるだろう」と思っていたそうです。ところがいざ、自分が既存の会計ソフトを使おうとしてみたところ、難しすぎて使いこなせなかった。そのことにショックを受け、「自分が使えるソフトがないなら作ってしまおう」という発想でｆｒｅｅｅの開発に着手したそうです。もし佐々木さんがすんなりと既存ソフトを使いこなしていたら、ｆｒｅｅｅという人気ソフトが誕生することもなかったでしょう。ビジネスとはこのように、想像もつかないところから生まれることが多いものです。

ｆｒｅｅのようなソフトが出てきてよかったと思うのは、起業することのハードルが下がったことです。従来は、起業をしても税理士や経理を雇えないうちは、自分で会計作業をするしかありませんでした。複雑な会計業務に追われ、本業への集中力が削がれる人も少なくなかったでしょう。でもこのようなソフトを使えば、本来やろうとしているビジネスに集中することができます。「会計作業は面倒だ」と思っている人には心強い味方になるのではないかと思います。

佐々木さんにも、「会計とは何か？」と訊いてみました。

「会計というのは最新の財務状態を記録しておくもの。私たちはいつもそれを見たうえでさまざまな判断をしています。つまり会計が意思決定の材料になっているということ。機械でできる会計業務を自動化していけば、みんなもっと、判断するほうにフォーカスできるようになると思います」

いくら機械で自動化が進んでも、最後に判断を下すのは人間。機械がやってくれるのはそのための材料を揃えるところまでです。会計のことが分かっていないと、その材料がいくらあっても判断に活かすことはできません。佐々木さんの話は、会計の重要性をまた別の角度から教えてくれるようでもありました。

第4章

幸せなお金の使い方

「ところで岩瀬くん、キミは年収をいくらもらっているんだ?」

ジャーナリストの田原総一朗さんとトークセッションをした際に、数百人の聴衆がいる前で突然そんなことを聞かれました。田原さんにとってはいつも通りの会話のキャッチボールなのかもしれませんが、僕にとっては豪速球を投げ込まれた気分です。

「開示されている有価証券報告書の役員報酬の総額を役員の数で割ったらだいたい分かりますよ」

その時はそのように返しましたが、世の社長がどのくらいの報酬をもらっているか気になる人は多いと思います。

一般企業に勤めるサラリーマンに比べれば、確かに社長の年収は高いでしょう。でも現実には、とんでもない大金持ちから世間の平均年収を下回る人まで、いろいろな社長がいます。僕に関していえば、高級車を乗り回し、数百万円もするような高級腕時計を身につけている——といった社長のパブリックイメージとはほど遠いです。車は持っていないし、腕時計もしていない。清潔感のある身なりはしておきたいと思っていますが、そこまで服にお金をかけているわけではありません。アウトレットで季節外れの服が半額以下になっているのに驚いて、まとめ買いをすることもあります。いいものが安く買えれば嬉しいし、必要でないと思ったものは買わない。入ってくるお金以上に、交際費や住宅ローンなど出ていくお金が増えているので、日常生活における金銭感覚はサラリーマン時代とほとんど変わりません。

社長の給料がどうしても気になる方は、僕が田原さんにも答えたように、会社が公開している決算資料を見てみてください。上場企業の役員報酬は毎年いろいろなメディアがランキング化して記事にしているように、誰でも調べれば分かるようになっています。東洋経済オンラインが2017年に配信した「「年収1億円超」の上場企業役員530人リスト」と題したランキング記事も、SNSで多くの人にシェアされていました。ちなみにそこに僕の名前は入っていません。

このようなお金持ちの人たちのことを、私たちは「羨ましい」という思いで見ています。ところが現実には、お金があってもつまずく人、不幸な人、充実感を得られない人もたくさんいます。一方で、決して裕福ではなくとも、自分の家族や趣味を大切にして幸せそうに過ごしている人もいる。いったいこの〝ねじれ〟の正体は何なのでしょうか。本章では、「お金と幸せの関係」を考えてみたいと思います。

†お金は稼ぐことよりも、賢く使うほうが難しい

ライフネット生命という会社を立ち上げてから、多くの経営者にお会いする機会に恵まれてきました。その中には、事業の成功で大きな財を築き、まるで別世界に住んでいるような人もいます。ただ、大金持ちの人に会うことはあっても、「お金を上手に使っている人」は意外と少ないものです。よく言われるように、「お金は稼ぐことよりも、賢く使うほうが難しい」のでしょうか。

宝くじの高額当選者には、大金を得ることによって注意しなければならないことが書かれた冊子が渡されるそうです。お金をたくさん持っていることで、幸運な状態から不幸になる人が後を絶たないからでしょう。親戚や友人から借金をせがまれ人間不信に陥る人。豪遊しているうちに金銭感覚が麻痺し、お金を使い果たした後に借金まみれになってしまう人。お金をめぐるトラブルで重大事件に巻き込まれる人。そういった話は枚挙にいとまがありません。

宝くじなどではなく、自分の力で事業を成功させた人たちも、いつまでも好業績を続けられるとは限りません。お金の使い方が分かっていないと、一度の失敗ですべてを失うこ

とだってあります。

お金をどう使うかという悩みは、多くの人にとっては考えるにも至らない「贅沢な悩み」なのかもしれません。しかし僕はこうも思うのです。幸せな人というのは、お金がある時もない時も、手元にあるお金を上手に使って豊かに暮らしているのではないか、と。

『電車男』(2005年)や『君の名は。』(2016年)など、数々のヒット作品を手がけてきた映画プロデューサーの川村元気さんは、小説家としても才能を発揮されています。2012年に発表した『世界から猫が消えたなら』は140万部を超える大ベストセラーに。それに続く第2作として書かれたのが、お金と幸せをテーマにした『億男』です。川村さんは小説を書く前の事前取材を徹底的に行う方で、この本の執筆にあたっても億万長者120人に取材をしたのだそうです。20代の頃から華やかな世界を間近で見てきたということもあり、人脈は豊富です。

『億男』は図書館司書の男性が3億円の宝くじに当選し、「お金と幸せの答え」を探す物語。僕は講演やインタビュー取材などでお金と幸せについて話す機会がありますが、やはりストーリーで語られることには説得力があります。幸せってなんだろう、と考えている人にはおすすめの一冊です。

「お金の稼ぎ方」よりも「お金の使い方」に幸せな人生を送るためのヒントが隠されていると思った僕は、川村さんと対談をした際に、どうすればお金の使い方が上手になるか、質問してみました。川村さんが参考として挙げてくれたのは、王族です。

「王族というのはある意味、お金持ちの完成形だと思います。彼らはある日突然大金を手に入れたのではなくて、毎日少しずつ水を貯めるように、長い時間を掛けてお金を貯めてきた。一歩ずつ階段をのぼる過程で、必要な物を必要なだけ揃えて生きていくということが最も幸せな生き方だということを知ったのでしょう。その生活は意外に質素なことが多いですよね。それに対して、階段をジャンプしてあっという間に大金持ちになった人たちは、本当の幸せとは何かということが分からないままそうなってしまっている人も多いと思います。それが本当に必要なのか、本当に好きなのかどうかもわからないままに、とりあえず高級車や豪邸を買って、高級ディナーを食べに行くような人にも出会いました」

この話を聞いて、「足るを知る者は富む」という老子の言葉を思い出しました。満足を知っている人は豊かである、という意味ですが、ここでの「富む」はもちろん、経済的な豊かさを言っているのではありません。たとえ経済的には貧しくても、精神的に豊かであることを言っています。足るを知らない人は、高級ディナーを食べても「もっと美味しい店があるんじゃないか」と思って、延々と次のお店探しを続けるでしょう。逆に足るを知っている人は、温かいご飯にありつけるだけでも幸せを実感することができます。僕もジャンクフードばかりの海外留学を終えて帰国した時に、700円程度でご飯と味噌汁がセットになった定食が食べられる日本はなんて幸せな国なんだと感激しました。「これで自分は満足だ」ということが分かったからだと思います。

川村さんの話でもう一つ大事なポイントは、「本当に好きなのかどうか」を考えているかということです。たとえば車を買おうと思った時に、「周りの人から羨ましがられるから」という理由で高級車を買っても、あまりその車に愛着は湧かないでしょう。どこか故障したり、世間の評判が落ちたりすれば、すぐに乗らなくなってしまうと思います。逆に自分のライフスタイルに合った車、色やデザインが好きな車を買った人は、大事に長く乗り続けるでしょう。そんな車に乗ってのドライブは、心から楽しいに違いありません。

他者の価値観ではなく、自分の判断基準でそれが好きだといえるものにお金を使える人こそが本当に幸せそうに見えます。アウトドア好きの人が家族全員が横になれる大きなテントを買ったり、読書好きの人がカフェでまったりと時間を過ごしたり、沖釣りが趣味だという人が釣り船を貸し切ったり。会社員時代の立川志の春さんが飲み会よりも優先して落語を聴きに行っていたのも、心の底から落語が好きだったからでしょう。

究極の「賢いお金の使い方」は、好きな家族や仲間とともに、自分が「これが好きだ」と思える楽しいことにお金を使うことなのかもしれません。

†エコノミーでもビジネスクラス気分を味わう方法

僕なりのお金の使い方で満足した例を一つ挙げましょう。

先述の通り、僕は物欲があまりない人間です。「何が何でもこれが欲しい！」というものが常にあるわけではなく、それよりも楽しい仲間と一緒に過ごすことにお金や時間を使いたいと思っているタイプです。

それでもいくつかお気に入りアイテムというものがあります。その一つが、数年前に購入したＢＯＳＥ社製のイヤホンです。３万円以上もしました。

この値段に僕も最初は躊躇しました。今どきイヤホンなんて百円ショップでも売っている時代。メーカー品を買うにしても、３０００円程度出せばいいものが買えます。でも実際にＢＯＳＥ社製の高額なイヤホンを使ってみて、すぐに元が取れたと実感しています。

このイヤホン、ただのイヤホンではありません。周囲の雑音をシャットアウトするノイズキャンセリングという機能が搭載されているのです。ノイズキャンセリングについて、BOSE社のサイトでは次のように説明されています。

「外部のノイズを継続的に測定・比較し、それに反応して、逆位相の信号でノイズを打ち消します」

周囲の音を打ち消す信号を出すことにより、ユーザーに静寂の空間をつくりだす。それをイヤホンのような小さな機器で実現してしまうのだから、すごい時代になりました。この機能をオンにすると、エアコンなどの機械音や飛行機のエンジン音、周りにいる人たちの会話がほとんど消えてしまい、普通のイヤホンよりも音がクリアに聴こえます。カフェにいても電車に乗っていても、まるで自分だけ特別室にいるかのようです。これまで音楽を存分に楽しむために音楽プレーヤーの音量を大きくしていましたが、通常の音量でも小さな楽器音や歌手の息遣いまでしっかり聴き取れます。ジャズ好きの僕にはぴったりのイヤホンです。

僕はこのイヤホンをいつも持ち歩いていて、何か集中して作業をしたい時にノイズキャンセリングをオンにして自分の世界に没入します。長旅の時はさらに重宝します。新幹線や飛行機に乗っていると、「ジー」という電気音や「ゴー」というエンジン音が絶えず聞こえているものです。このイヤホンを使うまで自分でも認識していませんでしたが、実はあの音が脳に結構なストレスを与え身体へも大きな負担になっているのだそうです。

僕が「すぐに元が取れた」というのは、長旅利用での効果が大きかったからです。アメリカやヨーロッパへの長時間フライトでも僕の飛行機での出張はいつもエコノミークラス。年齢を重ねると移動だけでも疲労がありますが、このイヤホンをしてみたところほとんど疲れを感じませんでした。ビジネスクラスの席を取ったと思えば3万円の出費は安いもの。1回のフライトで元が取れてしまいます。今ではもう、このイヤホンがないと長距離移動ができない体になってしまいました。

体への負担が減ったことで、長距離移動後も普段通りのパフォーマンスを発揮できるようになりました。仕事にプラスの効果をもたらすことを考えれば、本当にいい買い物をしたと思います。最初は「いくら音がよくても3万円は出せないな」と思っていた僕も、気づけばフェイスブックなどで友人にすすめていました。長距離移動の多い仕事の人、書き物の多い仕事の人にはおすすめです。

高いものを買う時にはこのように、いろいろな投資効果を考えてみてはいかがでしょうか？　時には失敗して無駄な買い物をしてしまうこともあるかもしれませんが、何事にもリスクは付き物。経験を重ねることで、いい買い物ができるようになると思います。

社会貢献というお金の使いみち

お金の使いみちは、自分や自分の家族のためになるものだけとは限りません。困っている人を助けたい。誰かを応援したい。そんな思いのある人には、社会貢献のためにお金を使うという選択肢もあるでしょう。

自分の生活だけでも大変なこの時代に、「そんなことを考えるのは余裕のある人だけではないか」と考える人もいるかもしれませんが、東日本大震災を境に社会貢献について考える人は経済事情にかかわらず増えているようです。ライフネット生命が震災翌年に6000人を対象に行ったネット調査では、社会貢献について「深く考えるようになった」「意識を変えた」と答えた人が38・2%もいました。過半数とまではいきませんが、震災以前が21・5%だったことを考えれば大幅な増加だったといえます。実際に、被災地でボランティア活動をしたり、募金をしたりという人は多かったと思います。

かくいう僕も、貢献というには小さなことですが、宮城県女川町の老舗かまぼこ工場「高政」の「あげかま詰め合わせ」セットを、お世話になっている方々にお中元として何年かの間、贈ったことがあります。外資系企業を渡り歩いていた僕にとって、「お中元」はこれまで全く縁のなかった風習ですが、たまたま同社4代目の高橋正樹さんとお会いする機会があり、「自分も応援したい」という気持ちからお中元デビューを飾ることになったのです。

もちろん、社会貢献というテーマは被災地支援だけを指すのではありません。世の中には今、環境、教育、医療、貧困などさまざまな社会問題があり、それらに対する取り組みはすべて社会貢献といえます。

社会貢献に意欲的な個人を、企業や団体がそれを後押ししているケースも珍しくありません。僕も個人的に「パートナー」として参加している「ARUN」（アルン＝カンボジア語で「夜明け」を意味する言葉）という会社は、企業や個人から資金を募り、それをカンボジアやインドの企業に投資していく「社会的投資」を行っています。それが一般的な投資と異なるのは、お金を増やすことが第一の目的ではなく、あくまで発展途上国の経済的自立を目指しているところです。募金と違って投資ですから、得られる利益は出資者に分配されますが、当然リスクも伴います。ただ、この事業に投資する最大のメリットは金銭的なものではなく、これから自分たちの手で社会を発展させようとする途上国の経営者たちの息吹に触れられることです。経営者である僕は、彼らからいつも大きな刺激を受けていますが、先進国や新興国で働くビジネスパーソンであれば、誰しも同様の投資効果を得られるのではないかと思います。

最近は上場企業の株主優待にも、環境保護活動の支援プログラムなどを選択できるものがあります。株主優待というと、食事券や商品券、特産品などが喜ばれるものですが、こうしたものが用意されているのも、時代の象徴といえるでしょう。

社会にポジティブな影響を与えることにお金を使うことで、社会がよりよくなっていく。その満足感や楽しさに気づく人が増えて、さらに社会貢献にお金が使われるようになる。そんな時代になるといいですね。

†返礼品の自粛傾向で見直される「ふるさと納税」

社会貢献と身構えてしまうと、何かとても大きなことを考えてしまって、結局何もできずに終わってしまう人もいるでしょう。でも実益を兼ねたものであれば、行動に移せる人は案外多いのかもしれません。

ここ数年、話題となっている「ふるさと納税」は、所得税や住民税の納税先を自分で選べる制度です。東京一極集中が問題視される中、地方にも光を当てるべく２００９年度からスタートしたこの制度は、年々その利用者も増えていて、２０１６年度の適用者数は前年比3倍増の１２９万人にのぼりました。その問題点については後述するとして、制度の仕組みを簡単に説明しましょう。

その名称に「納税」と付いているふるさと納税は、実際には市町村や都道府県への寄付です。ただし一般的な寄付をした場合の税金控除が寄付金額の一部であるのに対し、ふるさと納税では寄付金額のうち２０００円を除いた全額分が控除対象となります。たとえばある自治体に3万円を寄付したら、今住んでいる自治体での税金が2万８０００円分安くなるという仕組みです（ただし収入や家族構成によって上限額が決まっています）。形式的には寄付によって税金が控除されているわけですが、事実上は多くの人が認識している通り「納税先の選択」と考えてよさそうです。

そしてこの制度の利用者を爆発的に増やしている要因となっているのが、各自治体が用意する「返礼品」です。ふるさと納税制度を利用して自治体に寄付をした人に対しては、その自治体から返礼品が贈られるのが通例となっています。品目としては高級肉や高級魚介類、野菜、米、地酒など、その地域の特産品を自由に選べるようにしている自治体が多いようです。

ふるさと納税の寄付先は自分の出身地である必要はなく、全国どこの自治体に寄付しても同じだけの控除が受けられます。昔住んでいた町、旅行で訪れた町、自分の好きなサッカーチームのホームタウン、どこでも構いません。災害に見舞われた地域をふるさと納税で支援することもできます。「地方がもっと元気になってほしい」と思いながらこれまで何かしているわけでもなかった人にとっては、社会貢献をしながら返礼品で自分もいい思いができる、一石二鳥の制度だといえます。

ところがこの返礼品があまりにも豪華になってきたために、「ふるさと納税の本来の趣旨から逸脱しているのではないか」と問題視されるようになりました。自治体が返礼品にかけるお金の平均額は寄付金の4割程度で、従来は5割を超える返礼品も珍しくありませんでした。そんなに豪華なものをお返しにあげていたら、せっかく寄付金がたくさん集まってても残るお金が少なくなってしまいます。公認会計士の山田真哉さんがふるさと納税をよく知る関係者から聞いたところによると、贈り物の原価に加えて送料、広告宣伝費などが掛かっているため、「豪華な返礼品を出す自治体の収支はトントン」なのだとか。返礼品を地元の企業から買っているので地域への経済効果は確実にあるようですが、返礼品で特定の企業ばかりが得をするようでは不公平感もあるでしょう。

このような問題があったため、2017年4月には総務省から各自治体に「返礼品は3割以下にするように」という通達も出ました。これまで豪華な返礼品目当てだった人にとっては残念なことでしょうが、これを機に、ふるさと納税制度の本来の趣旨を考え直すのもいいかもしれません。その地域の発展を願ってふるさと納税の寄付をするだけでも幸福感は満たされるもの。返礼品はちょっとしたおまけくらいに思っておかないと、この制度自体が長続きしなくなってしまいます。

†プロジェクトに参加する喜びを買うクラウドファンディング

インターネット上で広く出資を呼びかけるクラウドファンディングも一般化してきました。資金力のない個人や団体でも、自分がこれからやろうとしていることに多くの人から共感を得られれば、多額の資金を調達することが可能です。

クラウドファンディングのサイトも数多く立ち上がっていますが、ダボス会議仲間でもある米良はるかさんが代表を務める「Readyfor」というサイトを覗いてみると、沖縄の離島のための医療用飛行機を購入したい、地震で被災した鳥取県の国宝「投入堂」の参拝道を修復したい、運営危機にあるスポーツチームを存続したいなどの、さまざまなプロジェクトが見つかります。

クラウドファンディングのプロジェクトが世間を賑わせるケースも増えています。第二次世界大戦末期の広島や呉を舞台にした長編アニメ映画『この世界の片隅に』は、当初63館での公開でスタートしましたが、SNSで話題になると徐々に動員数が増え、300館以上で上映されるヒット作品となりました。惜しまれつつ解散したSMAPのファンが、クラウドファンディングによって朝日新聞に感謝と応援のメッセージの広告を出したことも話題になりました。

クラウドファンディングが一般的な寄付と異なるのは、「リターン」と呼ばれる何らかの見返りがあることです。伝統工芸品を広めたいというプロジェクトに出資した人にその工芸品が一品贈られる。飲食店を開きたいというプロジェクトに出資した人にそのお店の飲食券が贈られる。出資者は誰かの役に立って感謝されるうえに、自分もちょっとだけいい思いができるというわけです。

リターンは必ずしも目に見える形とは限らず、換金性が低い、あるいは全くない場合もあります。映画製作のプロジェクトに参加した人の名前がエンドロールで紹介される。感謝状や活動報告書などが贈られる。通常の投資なら、出資者は自分の資産が増えないと満足しませんが、「自分もそのプロジェクトに関わった」という満足感を得られることこそがクラウドファンディングの醍醐味といえます。

橋下徹市長時代の大阪市で文楽の補助金見直しが議論されていた時に、僕も文楽のためにクラウドファンディングで何かできないかと考えたことがありました。文楽には歌舞伎のような華々しさはないかもしれませんが、太夫、三味線、人形遣いが三位一体となって作り上げる舞台は見た目以上の奥深さがあります。日本人が誇るこの伝統芸能をなくすわけにはいかないと思っている人はたくさんいるはず――。そういう人たちから支援の出資を募る過程で、これまで文楽を観たことがない人にもその魅力を知ってもらういい機会になると思いました。

その後、文楽協会や国立文楽劇場、文楽ファン、メディア等が新たな取り組みを始めたことでひとまずその必要はなくなりましたが、先ほどのSMAPの新聞広告の例のように、僕のような一介のファンでも行動を起こして形になりうるというのもクラウドファンディングの良さといえます。自分一人ではできないけれど、多くの人が賛同してくれそうなアイデアを持っている人は、クラウドファンディングでそれを形にしてみると面白いかもしれません。

†9割の人は「今のところ」相続税には関係なし

自分が亡くなった後の子や孫の将来を案じて、いくばくかの財産を残してあげたいというのが親心。一方で、「児孫のために美田を買わず」の精神であえて何も残さないという人もいるでしょう。相続というのは、自分も親も元気だとまだまだ遠い先の話に思うかもしれませんが、最終的に自分のお金をどうするかは、その人の生き方を左右する話でもあります。

財産をたくさん残しておきたい人、あるいは親が多くの財産を残すであろうという人は、相続税がかかることに注意しましょう。相続税というのは、相続や遺贈（遺言によって財産が贈与されること）によって財産を取得した人に対して課される税のことです。遺産をあてにするのは後ろめたい気がするかもしれませんが、日本経済新聞のアンケート調査では、遺産を継ぐ立場にある人の約7割が相続財産に期待を寄せているという結果が出ています。「老後資金の不足」を理由に挙げる人が多かったようです。一方で、これまで経験したことのない相続税という名の税金に不安を抱く人も少なくありません。

ただ、プロに相談してまで相続税対策を行う人は、それほど多くないようです。知り合いのファイナンシャル・プランナーによれば、相続税に関する相談件数はそれほど多くないということ。それもそのはず。相続税に関係している人は、実は少数派なのです。

国税庁によると、2015年に亡くなった約129万人のうち、相続税の課税対象となったのは約10万3000人。課税対象者は全体の8%だけで、残り9割以上の人は関係がないというのが実際のところです。相続税の基礎控除は、「3000万円+600万円×法定相続人」と定められています。妻と子ども2人のいる男性が亡くなった場合、法定相続人は3人なので、4800万円を超えなければ相続税はかかりません。

ただし注意しておきたいのは、この基礎控除は2015年に引き下げられたばかりで、少子高齢化によって現役世代の負担が大きくなっている現状を考えると今後も引き下げられる可能性が高いということです。「うちはあまり関係なさそうだな」という人でも、法律が変わる時にはその内容をチェックしておく必要があります。

身内が亡くなった場合の相談として多いのは、相続税よりも、亡くなったことにより「どんな手続きがあるのか教えてほしい」という相談なのだそうです。役場に死亡届を出すだけで終わりではなく、銀行、証券会社、保険会社、クレジットカード会社、携帯電話会社、一人暮らしの場合は電気・ガス・水道など、一通りの連絡をするだけでも結構大変な仕事です。困るのは、銀行の通帳がいくつあるのか、それがどこにあるのかが、亡くなった本人でないと分からない場合です。本人が生きているうちに「通帳はどこにあるの？」と聞いたら間違いなく怒られてしまうので、これぱかりは自主的に整理してもらうしかありません。せめて自分に関しては、金額の多い少ないにかかわらずきちんとメモを残しておきましょう。通帳がどこにあるか。どんな保険に入っていて、どこに保険証券があるか。もっと言えば、延命治療をどうするか。もしもの時に備えて一冊のノートにまとめておくと、残された人たちがスムーズに手続きをしてくれるでしょう。

†親や先輩の言葉にヒントあり

40代になると、世界の見え方が大きく変わってきます。人生80年と考えると、ちょうど折り返し地点を過ぎたところ。そして65歳まで働くとすると、仕事上のキャリアの上でも間もなく折り返し地点を迎えます。20代の頃というのは、40代の頃を楽観的に思い描いていた人が多いと思います。しかし実際に年を取ると、体の衰えを感じたり、自分の病気が見つかったり、親の介護が必要になったりと、若い時に目を背けていた問題が次から次に襲いかかってきます。

そんな時にふと、「自分の老後は大丈夫か？」と心配になる。

若い頃から資産形成を考えてきた人は、将来の不安がゼロになることはないにせよ、何となく見通しは立てられるでしょう。しかし資産形成を考えてこなかった人は、「あれ、このままだと足りないぞ」ということに気づくかもしれません。そこで手を打つことができればまだギリギリ間に合いますが、40代から変わることはなかなか難しいもの。「老後なんてまだまだ先だから」と楽観視せずに、若いうちから現実と向き合うことが、健全なライフプランの形成につながります。

特に現役世代の人たちが気をつけたいのは、今の日本の社会システムが、終身雇用制が当たり前だった時代とはまるで異なるということです。これまではある意味、会社が老後を考えてくれていました。退職金制度や企業年金制度もあって、定年まで勤め上げれば老後の心配をする必要はありませんでした。

しかし今はもう、会社が個人を守ってくれる時代ではありません。FPなどに相談しない限り、誰かが自分の資産形成を心配してくれることはないのです。これまで会社がやってくれていた各種手続きも、個人でやらなくてはいけません。貯蓄がない人は今日からお金を貯めるべきだし、年金保険料を納めていない人はすぐに納めたほうがいい。お金に余裕ができれば、自分の資産を株や外貨、現物資産などに分散させておくとリスクに強くなります。

最近は、若者に忠告してくれる大人も減っています。「ちゃんと貯蓄しておけ」「友達にカネは貸すな」などなど。こうしたことを年寄りの小言だと思うこともあるでしょう。しかし本当に必要な生きる知恵こそ、口伝されるもの。「年寄りの言うことと牛の鞦《しりがい》は外れない」のです。

昔は近所の大人や会社の先輩がこういう話をしてくれたものですが、今はこうした身近な〝啓蒙機能〟が失われています。だからこそ、自分で何とかしないといけないということを肝に銘じておくべきです。

†多様な時代だからこそキャリアプランが重要

年金問題、終身雇用制度の終焉。今の若い人たちを取り巻く環境は、ネガティブに捉えられがちです。でも本当に、私たちは暗い時代の中を生きているのでしょうか。

たとえば僕は、ネット生保の会社を立ち上げるという新しいことにチャレンジをしました。今でこそ「起業」という言葉を使ってもらえますが、昔なら「脱サラ」です。日陰の道というイメージがあったでしょうが、今は誰もそんなふうには思いません。転職も同じです。一生、一つの会社で定年まで勤め上げる人のほうが少ない時代。働き方も人それぞれ。家族のありようも一様ではなくなりました。

多様な考え、生き方が受容される時代になり、私たちは昔よりも自由に自分の生き方を選択できています。誰かが決めた通りに生きる必要がないという意味では、昔よりも豊かな人生を送る可能性が広がっているのです。

インターネットを使えば、自分の知りたい情報をいつでも引っ張り出すことができる。友達の近況を知ることができる。自分の考えを発信できる。車や腕時計の値段を同僚と張り合うこともなく、自分が本当に好きなことにお金を使えるようになった。捉えようによっては、とても豊かな時代なのではないでしょうか。

そんな中で、格差という歪みが生まれていることも確かです。皆一様に、国や企業に守られる時代は終わったといっていいでしょう。厳しい時代であることは確かですが、アイデアを持つ人、行動する人、勉強する人には、至るところにチャンスが転がっている時代でもあります。

だからこそ、計画が必要です。計画がなければ努力することも挑戦することもできません。先ほどの資産形成も含めた、総合的なキャリアプランを立ててみてください。20代のうちに海外留学をする。30代のうちに転職をする、結婚をする、家を建てる。40歳で起業をする。プランの立て方は自由です。それを持って、新しい冒険に出てみましょう。思い立ったが吉日。何事も始めるのに遅すぎることはないのですから。

おわりに

ある老夫婦を追ったドキュメンタリー映画を鑑賞して、涙が止まりませんでした。

ハーブ&ドロシー・ヴォーゲル夫妻。二人はある特別なことを除いて、どこにでもいそうな仲のよい老夫婦。夫のハーブは郵便局員、妻のドロシーは図書館司書として働き、新婚当時から住んでいる1LDKのアパートで慎ましく暮らしていました。

この夫妻の「特別なこと」というのは、二人が現代アートのコレクターであるということ。現代アートの収集というと、お金持ちの趣味とイメージしがちかもしれませんが、ヴォーゲル夫妻はごく普通の夫婦です。高価なアート作品を買うことはできません。それでも妻の収入を生活費にあて、夫の収入で作品を購入するという〝分担制〟で、売れる前のアーティストの作品を買い集めていきました。

ヴォーゲル夫妻が作品を選ぶ基準は二つありました。一つは自分たちの給料で買える作品であること。もう一つは自分たちの住む小さなアパートに収まるサイズであること。そうして集めた作品は4000点にのぼり、いつしか二人の名は現代アート界でも広く知れ渡るようになりました。二人が展覧会のレセプションに足を運ぶと、みんなが握手を求めてくるような存在。アーティストにとっては、「ヴォーゲル夫妻に認められること」が大きな価値でもあったのです。

集めた作品の中には、売れば高い値の付くようなものもありましたが、「コレクション全体で一つの作品」と考えていた二人は一枚の絵画も売却することなく、最終的には美術館に寄贈することを決めました。その際に、有償でのオファーも受けましたが、二人はお金を受け取ることを拒否。しぶしぶ受け取ったお金も、また作品の購入費にあててしまったのです。

僕がこの作品で涙してしまったのは、二人の生きざまを通じて、本当に豊かな人生とは何かという、根源的な問いを突きつけられたからだと思います。

この夫妻の生き方は、特別な生き方ではありません。理屈の上では誰もが選択することのできる生き方です。でも多くの人はそういう選択をしません。周りの人たちに見劣りしないような生活を送るために、もっともっと稼ごうと必死に生きています。あるいは、「頑張っても報われないな」とどんどん下に向かっていく人もいます。見ているのは、「上か下か」ということばかり。

本書で紹介した川村元気さんの『億男』の物語の中で、主人公の男性が自分の娘と手をつないで河川敷を歩くシーンがあります。川村さんは作品を通じて、「それ以上の幸せがこの世にあるのか」と問うています。幸せというものが、決して高い場所ではなく、日常の延長線上にあるのではないかという一つの答えを示しているのです。

ハーブ&ドロシー・ヴォーゲル夫妻の生き方は、その究極の形ともいえます。友人のフェイスブックなどを見ていても、日々の仕事を頑張っている人が週末に釣りやＤＩＹを満喫している姿を見ると本当に幸せそうに見えます。

ちなみにハーブ&ドロシー・ヴォーゲル夫妻のドキュメンタリー映画は2作品あります。『ハーブ&ドロシー　アートの森の小さな巨人』と、『ハーブ&ドロシー2　ふたりからの贈りもの』。外国人を追っている作品ですが、日本人の佐々木芽生監督が手がけています。そしてこの作品は、先ほども取り上げたクラウドファンディングによって製作されています。豊かな人生とは何か、一度立ち止まって考えたい人にはおすすめの映画です。

子育て世代の皆さんには、これから多くの「お金の試練」が訪れるでしょう。でもその試練の先には、必ず家族の喜びがあるはずです。家族のことで、自分のことで悩んだ時に、本書で紹介した「お金の達人」たちのエピソードを思い出してみてください。

どんな時でも、お金としっかりと向き合うことで、あなたとあなたの家族に幸せが訪れる。そんな気がしています。

岩瀬大輔

2018年2月

ちくま新書
1312

パパ1年目《ねんめ》のお金《かね》の教科書《きょうかしょ》

二〇一八年三月一〇日 第一刷発行

著者 岩瀬大輔（いわせ・だいすけ）

発行者 山野浩一

発行所 株式会社 筑摩書房
東京都台東区蔵前二-五-三 郵便番号一一一-八七五五
振替〇〇一六〇-八-四一二三

装幀者 間村俊一

印刷・製本 三松堂印刷 株式会社

本書をコピー、スキャニング等の方法により無許諾で複製することは、法令に規定された場合を除いて禁止されています。請負業者等の第三者によるデジタル化は一切認められていませんので、ご注意ください。

乱丁・落丁本の場合は、左記宛にご送付ください。
送料小社負担でお取り替えいたします。
ご注文・お問い合わせも左記へお願いいたします。
〒三三一-八五〇七 さいたま市北区櫛引町二-六〇四
筑摩書房サービスセンター 電話〇四八-六五一-〇〇五三

© IWASE Daisuke 2018 Printed in Japan

ISBN978-4-480-07129-3 C0233

ちくま新書

008 ニーチェ入門　竹田青嗣
新たな価値をつかみなおすために、今こそ読まれるべき思想家ニーチェ。現代の我々をも震撼させる哲人の核心に大胆果敢に迫り、明快に説く刺激的な入門書。

020 ウィトゲンシュタイン入門　永井均
天才哲学者が生涯を賭けて問いつづけた「語りえないもの」とは何か。写像・文法・言語ゲームと展開する特異な思想に迫り、哲学することの妙技と魅力を伝える。

029 カント入門　石川文康
哲学史上不朽の遺産『純粋理性批判』を中心に、その哲学の核心を平明に読み解くとともに、哲学者の内面のドラマに迫り、現代に甦る生き生きとしたカント像を描く。

071 フーコー入門　中山元
絶対的な〈真理〉という〈権力〉の鎖を解きはなち、〈別の仕方〉で考えることの可能性を提起した哲学者、フーコー。一貫した思考の歩みを明快に描きだす新鮮な入門書。

081 バタイユ入門　酒井健
西欧近代への徹底した批判者でありつづけた「死とエロチシズム」の思想家バタイユ。その豊かな情念に貫かれた思想を明快に解き明かす、若い読者のための入門書。

200 レヴィナス入門　熊野純彦
フッサールとハイデガーに学びながらも、ユダヤの伝統を継承し独自の哲学を展開したレヴィナス。収容所体験から紡ぎだされた強靭で繊細な思考をたどる初の入門書。

277 ハイデガー入門　細川亮一
二〇世紀最大の哲学書『存在と時間』の成立をめぐる謎とは？　難解といわれるハイデガーの思考の核心を読み解き、西洋哲学が問いつづけた「存在への問い」に迫る。

ちくま新書

482 哲学マップ　貫成人
難解かつ広大な「哲学」の世界に踏み込むにはどうしても地図が必要だ。各思想のエッセンスと思想間のつながりを押さえて古今東西の思索を鮮やかに一望する。

545 哲学思考トレーニング　伊勢田哲治
哲学って素人には役立たず？　否、そこは使える知のツールの宝庫。屁理屈や権威にだまされず、筋の通った思考を自分の頭で一段ずつ積み上げてゆく技法を完全伝授！

666 高校生のための哲学入門　長谷川宏
どんなふうにして私たちの社会はここまできたのか。「知」の在り処はどこか。ヘーゲルの翻訳で知られる著者が、自身の思考の軌跡を踏まえて書き下ろす待望の書。

695 哲学の誤読——入試現代文で哲学する！　入不二基義
哲学の文章を、答えを安易に求めるのではなく、思考の対話を重ねるように読み解いてみよう。入試問題の哲学文を「誤読」に着目しながら精読するユニークな入門書。

832 わかりやすいはわかりにくい？——臨床哲学講座　鷲田清一
人はなぜわかりやすい論理に流され、思い通りにゆかず苛立つのか——常識とは異なる角度から哲学的に物事を見る方法をレッスンし、自らの言葉で考える力を養う。

907 正義論の名著　中山元
古代から現代まで「正義」は思想史上最大のテーマのひとつでありつづけている。プラトンからサンデルに至る主要な思想のエッセンスを網羅し今日の課題に応える。

944 分析哲学講義　青山拓央
現代哲学の全領域に浸透した「分析哲学」。言語のはたらきの分析を通じて世界の仕組みを解き明かすその手法は切れ味抜群だ。哲学史上の優れた議論を素材に説く！

ちくま新書

964 科学哲学講義 森田邦久
科学的知識の確実性が問われている今こそ、科学の正しさを支えるものは何かを、根源から問い直さねばならない！　気鋭の若手研究者による科学哲学入門書の決定版。

967 功利主義入門 ——はじめての倫理学 児玉聡
「よりよい生き方のために常識やルールをきちんと考えなおす」技術としての倫理学において「功利主義」は最有力のツールである。自分で考える人のための入門書。

1045 思考実験 ——世界と哲学をつなぐ75問 岡本裕一朗
「考える」ための最良の問題を用意しました！　古典的な哲学の難問や複雑な現代を象徴する事件を思考することで、一皮むけた議論ができるようになる。

1060 哲学入門 戸田山和久
言葉の意味とは何か。私たちは自由意志をもつのか。人生に意味はあるか……こうした哲学の中心問題を科学が明らかにした世界像の中で考え抜く、常識破りの入門書。

1076 感情とは何か ——プラトンからアーレントまで 清水真木
「感情」の本質とは何か？　感情をめぐる哲学的言説の系譜を整理し、それぞれの細部を精神史の文脈に置きなおす。哲学史の新たな読みを果敢に試みる感情の存在論。

1083 ヨーロッパ思想を読み解く ——何が近代科学を生んだか 古田博司
なぜ西洋にのみ科学的思考が発達したのか。その秘密をカント、ニーチェ、ハイデガーらに探り、西洋独特の思考パターンを対話形式で読み解く。異色の思想史入門。

1119 近代政治哲学 ——自然・主権・行政 國分功一郎
今日の政治体制は、近代政治哲学が構想したものだ。ならば、その基本概念を検討することで、いまの民主主義体制が抱える欠点も把握できるはず！　渾身の書き下し。

ちくま新書

578 「かわいい」論　四方田犬彦
キティちゃん、ポケモン、セーラームーン――。日本製のキャラクター商品はなぜ世界中で愛されるのか？「かわいい」の構造を美学的に分析する初めての試み。

764 日本人はなぜ「さようなら」と別れるのか　竹内整一
一般に、世界の別れ言葉は「神の身許によくあれかし」、「また会いましょう」、「お元気で」の三つだが、日本人にだけ「さようなら」がある。その精神史を探究する。

805 12歳からの現代思想　岡本裕一朗
この社会や人間の未来を考えるとき、「現代思想」はさまざまな手がかりを与えてくれる。子どもも大人も知っておきたい8つのテーマを、明快かつ縦横に解説する。

819 社会思想史を学ぶ　山脇直司
社会思想史とは、現代を知り未来を見通すための、過去の思想との対話である。近代啓蒙主義からポストモダニズムまで、その核心と限界が丸ごとわかる入門書決定版。

910 現代文明論講義――ニヒリズムをめぐる京大生との対話　佐伯啓思
殺人は悪か？　民主主義はなぜ機能しないのか？――ニヒリズムという病が生み出す現代社会に特有の難問について学生と討議する。思想と哲学がわかる入門講義。

1000 生権力の思想――事件から読み解く現代社会の転換　大澤真幸
我々の生を取り巻く不可視の権力のメカニズムとはいかなるものか。ユダヤ人虐殺やオウム、宮崎勤の犯罪など象徴的事象から、現代における知の転換を読み解く。

601 法隆寺の謎を解く　武澤秀一
世界最古の木造建築物として有名な法隆寺は、創建・再建の動機を始め多くの謎に包まれている。その構造から古代史を読みとく、空間の出来事による「日本」発見。

ちくま新書

618 百姓から見た戦国大名　黒田基樹
生存のために武器を持つ百姓。領内の安定に配慮する大名。乱世に生きた武将と庶民のパワーバランスとは――。戦国時代の権力構造と社会システムをとらえなおす。

650 未完の明治維新　坂野潤治
明治維新は〈富国・強兵・立憲主義・議会論〉の四つの目標が交錯した「武士の革命」だった。それは、どう実現されたのだろうか。史料で読みとく明治維新の新たな実像。

698 仕事と日本人　武田晴人
なぜ残業するのか？　勤勉は人間の美徳なのか？　江戸時代から現代までの仕事のあり方を辿り、「近代的な」労働観を超える道を探る。「仕事」の日本史200年。

713 縄文の思考　小林達雄
土器や土偶のデザイン、環状列石などの記念物は、縄文人の豊かな精神世界を語って余りある。著者自身の半世紀近い実証研究にもとづく、縄文考古学の到達点。

734 寺社勢力の中世――無縁・有縁・移民　伊藤正敏
最先端の技術、軍事力、経済力を持ちながら、同時に、国家の論理、有縁の絆を断ち切る中世の「無縁」所。第一次史料を駆使し、中世日本を生々しく再現する。

1034 大坂の非人――乞食・四天王寺・転びキリシタン　塚田孝
「非人」の実態は、江戸時代の身分制だけでは捉えられない。町奉行所の御用を担っていたことなど意外な事実を明らかにし、近世身分制の常識を問い直す一冊。

1096 幕末史　佐々木克
日本が大きく揺らいだ激動の幕末。そのとき何が起き、何が変わったのか。黒船来航から明治維新まで、日本の生まれ変わる軌跡をダイナミックに一望する決定版。

ちくま新書

1136
昭和史講義
——最新研究で見る戦争への道
筒井清忠編
なぜ昭和の日本は戦争へと向かったのか。複雑きわまる戦前期を正確に理解すべく、俗説を排して信頼できる史料に依拠。第一線の歴史家たちによる最新の研究成果。

1194
昭和史講義2
——専門研究者が見る戦争への道
筒井清忠編
なぜ戦前の日本は破綻への道を歩んだのか。その原因をより深く究明すべく、二十名の研究者が最新研究の成果を結集する。好評を博した昭和史講義シリーズ第二弾。

1266
昭和史講義3
——リーダーを通して見る戦争への道
筒井清忠編
昭和のリーダーたちの決断はなぜ戦争へと結びついたのか。近衛文麿、東条英機ら政治家・軍人のキーパーソン15名の生い立ちと行動を、最新研究によって跡づける。

1300
古代史講義
——邪馬台国から平安時代まで
佐藤信編
古代史研究の最新成果と動向を一般読者にわかりやすく伝えるべく15人の専門家の知を結集。列島史の全体像が1冊でつかめる最良の入門書。参考文献ガイドも充実。

1019
近代中国史
岡本隆司
中国とは何か？ その原理を解く鍵は、近代史に隠されている。グローバル経済の奔流が渦巻きはじめた時代から、激動の歴史を構造的にとらえなおす。

1082
第一次世界大戦
木村靖二
第一次世界大戦こそは、国際体制の変化、女性の社会進出、福祉国家化などをもたらした現代史の画期である。戦史的経過と社会的変遷の両面からたどる入門書。

1147
ヨーロッパ覇権史
玉木俊明
オランダ、ポルトガル、イギリスなど近代ヨーロッパ諸国の台頭は、世界を一変させた。本書は、軍事革命、大西洋貿易、アジア進出など、その拡大の歴史を追う。

ちくま新書

085 日本人はなぜ無宗教なのか　阿満利麿
日本人には神仏とともに生きた長い伝統がある。それなのになぜ現代人は無宗教を標榜し、特定宗派を怖れるのだろうか？　あらためて宗教の意味を問いなおす。

445 禅的生活　玄侑宗久
禅とは自由な精神だ！　禅語の数々を紹介しながら、言葉では届かない禅的思考の境地へ誘う。窮屈な日常に変化をもたらし、のびやかな自分に出会う禅入門の一冊。

744 宗教学の名著30　島薗進
哲学、歴史学、文学、社会学、心理学など多領域から宗教理解、理論の諸成果を取り上げ、現代における宗教的なものの意味を問う。深い人間理解へ誘うブックガイド。

814 完全教祖マニュアル　架神恭介　辰巳一世
キリスト教、イスラム、仏教などの伝統宗教から現代日本の新興宗教まで古今東西の宗教を徹底的に分析。教義や組織の作り方、奇跡の起こし方などすべてがわかる！

864 歴史の中の『新約聖書』　加藤隆
『新約聖書』の複雑な性格を理解するには、その成立までの経緯を知る必要がある。一神教的伝統、イエスの意義、初期キリスト教の在り方までをおさえて読む入門書。

916 葬儀と日本人——位牌の比較宗教史　菊地章太
葬儀の原型は古代中国でつくられた。以来二千数百年、儒教・道教・仏教が混淆し、「先祖を祀る」という感情に収斂していく。位牌と葬儀の歴史を辿り、死生観を考える。

956 キリスト教の真実——西洋近代をもたらした宗教思想　竹下節子
ギリシャ思想とキリスト教の関係を検討し、近代ヨーロッパが覚醒する歴史を辿る。キリスト教という合せ鏡をとおして、現代世界の設計思想を読み解く探究の書。

ちくま新書

1022 現代オカルトの根源 ——霊性進化論の光と闇 大田俊寛
多様な奇想を展開する、現代オカルト。その根源には「霊性の進化」をめざす思想があった。19世紀の神智学から、オウム真理教・幸福の科学に至る系譜をたどる。

1081 空海の思想 竹内信夫
「密教」の中国伝播という仏教の激動期に入唐した空海は何を得たのだろうか。中世的「弘法大師」信仰を解体し、空海の言葉に込められた「いのちの思想」に迫る。

1126 骨が語る日本人の歴史 片山一道
縄文人は南方起源ではなく、じつは「弥生人顔」も存在しなかった。骨考古学の最新成果に基づき、歴史学の通説を科学的に検証。日本人の真実の姿を明らかにする。

1169 アイヌと縄文 ——もうひとつの日本の歴史 瀬川拓郎
北海道で縄文の習俗を守り通したアイヌ。その文化から日本列島人の原郷の思想を明らかにし、日本人にとって、ありえたかもしれないもうひとつの歴史を再構成する。

1273 誰も知らない熊野の遺産〈カラー新書〉 栂嶺レイ
世界遺産として有名になったが、熊野にはまだ手つかずの風景が残されている。失われつつある日本の、日本人の原型を探しにいこう。カラー写真満載の一冊。

1284 空海に学ぶ仏教入門 吉村均
空海の教えにこそ、伝統仏教の教義の核心が凝縮されている。弘法大師が説く、苦しみから解放される心のあり方「十住心」に、真の仏教の教えを学ぶ画期的入門書。

1285 イスラーム思想を読みとく 松山洋平
「過激派」と「穏健派」はどこが違うのか？ テロに警鐘を鳴らすのでも、平和な宗教として擁護するのでもない、イスラームの対立構造を浮き彫りにする一冊。

ちくま新書

831 現代の金融入門【新版】 池尾和人

情報とは何か。信用はいかに創り出されるのか。金融の本質に鋭く切り込みつつ、平明かつ簡潔に解説した定評ある入門書。金融危機の経験を総括した全面改訂版。

928 高校生にもわかる「お金」の話 内藤忍

お金は一生にいくら必要か？ お金の落とし穴って何だ？ AKB48、宝くじ、牛丼戦争など、身近な喩えでわかりやすく伝える、学校では教えない「お金の真実」。

959 円のゆくえを問いなおす ――実証的・歴史的にみた日本経済 片岡剛士

なぜデフレと円高は止まらないのか？ このまま日本経済は停滞したままなのか？ 大恐慌から現代へいたる為替と経済政策の分析から、その真実をときあかす。

1046 40歳からの会社に頼らない働き方 柳川範之

誰もが将来に不安を抱える激動の時代を生き抜くには、どうするべきか？「40歳定年制」で話題の経済学者が、新しい「複線型」の働き方を提案する。

1061 青木昌彦の経済学入門 ――制度論の地平を拡げる 青木昌彦

社会の均衡はいかに可能なのか？ 現代の経済学を主導した碩学の知性を一望し、歴史的な連続／不連続性のなかで、ひとつの社会を支えている「制度」を捉えなおす。

1175 30代からの仕事に使える「お金」の考え方 児玉尚彦 上野一也

あなたは仕事できちんと「お金」を稼げていますか？ ビジネス現場で最も必要とされる「お金で考えるスキル」を身につけて、先が見えない社会をサバイブしろ！

1130 40代からのお金の教科書 栗本大介

子どもの教育費、住宅ローン、介護費用、老後の準備、相続トラブル。取り返しのつかないハメに陥らないために、「これだけは知っておきたいお金の話」を解説。